家事がしやすい部屋づくり

整理収納コンサルタント
本多さおり

マイナビ

「家事」とは？

家事といえば、掃除、洗濯、炊事。ほかにも育児、買いもの、裁縫、家計管理、家族の健康管理、高齢者のケア、ひと付き合い……ひとくくりにはできないほど、その内容は膨大です。でも、日々の暮らしを滞りなく回すためには、これらの家事が欠かせません。生活のベースは毎日の家事であり、気分よく家事に取り組めることこそ、毎日の幸せにつながる。そんなふうに思っています。

個人のお客さまを対象とした、私の整理収納サービスの仕事も今年で5年目に突入しました。「自分がラクできる収納」、「ものが導かれていく収納」を目指し、お客さまの家で一緒に片付けをし、わが家もアップデートさせてきましたが、それは何のためかといえば、日々を満たされたものにするため。本書では、家事について、家事のしやすい家について、あらためて考えてみたいと思います。

makita

私にとっての「家事」

いつか自分の暮らしを始める日が来たら、部屋はいつも気持ちよく整えておこう。布団は日に干してふかふかにしておこう。小さいころから「きちんとした暮らし」への並々ならぬ憧れがありました。両親は共働きでいつも忙しく、そこまで暮らしに重きを置いていられなかった、という環境も多少影響しているかもしれません。

そして6年前。待ちに待った私たちの暮らしが始まりました。前日に野菜の下ごしらえをしておけば、翌日はうんとラクになる。部屋を片付けておけば、何事も心地よく取り組める。家事は私を裏切らないし、頑張った分の〝快適〟というごほうびをくれます。家事を楽しむコツは思いやり。夫がお風呂でリラックスできるように。私が毎日気持ちよくキッチンに立てるように。そんな自分と家族への思いやりが、繰り返される家事の原動力となっています。

「家事」と「収納」は密接に関係している

「わが家の雑然としたキッチンを見慣れてしまった私にとって、それはもはや、〝ひとかたまりの風景〟でした。ですが今回、本多さんと片付けをして、キッチンを俯瞰して見ることで、それぞれのものに目が行き届くように……。あるべき場所にものが収まり、キッチンのくすみがとれたことで、夫もキッチンに立ってくれるようになりました」。こんなメールを最近、お客さまからいただきました。

じつは家事のイライラは、収納に原因があることも多いのです。繰り返しの家事の面倒を生むのは、道具の出し入れのしづらさや、散らかった場所で行なう作業の窮屈さ。逆にいえば、スムーズに出し入れできる収納場所と、片付けやすい仕組みをつくれば、家事はおのずと快適になるのです。家事でイラッとしたら、すぐに収納の改善を。家事と収納、本当に密接な関係です。

家事がしやすい部屋づくり

もくじ

※本文中の「*」マークがある商品は、巻末に問い合わせ先とクレジットが掲載されています。

240
cm

第一章

本多家の「家事」

やり方や仕組みを変えれば、家事はどんどんラクになります。さらなるラクを求めて、わが家の家事も日々更新中。ズボラな私がたどりついた、最新の「わが家の家事スタイル」をご覧ください。

1. 家事に必要な道具が取りやすい

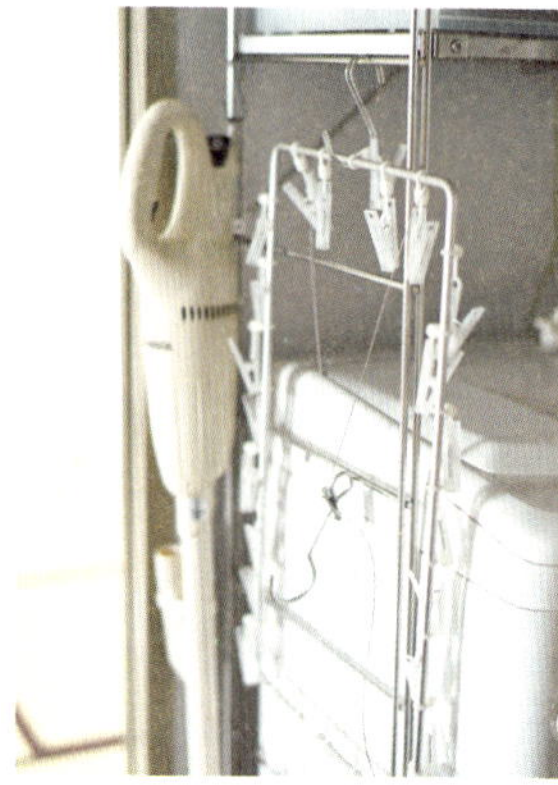

床掃除には掃除機や雑巾、洗濯が完了したら角型ハンガー……と、どんな家事にも道具が必要です。思い立ったらすぐ家事に取りかかれるように、道具を使いやすい状態にして、取りやすい場所に置いておくことが、家事の効率に直結します。とはいえ、使う道具は、そんなに多くありませんから、毎日使いの超1軍だけを、パッと取れるようにしておけば十分です。

2. 繰り返しの面倒を放っておかない

「1軍のお皿同士が重なっていて、いつも両手で取り出している」、「深い引き出しからフライパンを取ろうとすると、左右の鍋やボウルまで、がちゃがちゃ動く」など、すっかり当たり前になってしまった家事ストレス、ありませんか？まずはストレスに気付き、意識することが大切です。原因がわかれば、それを解決するための手立てを考えるのは結構楽しいものです。

3. ものの定位置が明確である

ものの定位置が明確なら、片付かない、すぐに散らかってしまう、といった問題も、かなり解決します。家族に定位置を覚えてもらうため、私はラベリングをおすすめしています。また、定位置を決めて収納する前に、ものを用途や使用頻度によってグルーピングすることが重要。いかにわかりやすいルールで収納できるかは、〝言葉で説明できるグルーピング〟が肝です。

4. 風の通り道がある

これは、風が通り抜けやすい現在の団地に引っ越して気付いたのですが、家に風の通り道があるということは、家の中のよどみを解消してくれる大切な要素。洗濯ものを干す、掃除機をかける、キッチンのシンクをみがく……。そのどれをとっても空気の循環が欠かせません。家に流れる「気」をよくするためにも、朝起きたら窓を開け、一日数回の換気を心がけています。

5. あとラク家事を組み込もう

一日の家事量が10だとしたら、そのうちの1は明日のための家事貯金に使うといい、と思います。家事貯金とは、少し先の自分が少しでもラクできるようなひと手間のこと。夜のうちに洗濯ものを干しておく、明日のおかずになる野菜を今日のうちにカットしておくなど……。あとでラクするための家事貯金は、未来の私へのささやかな思いやりです。

6. 自分に合った方法を採用する

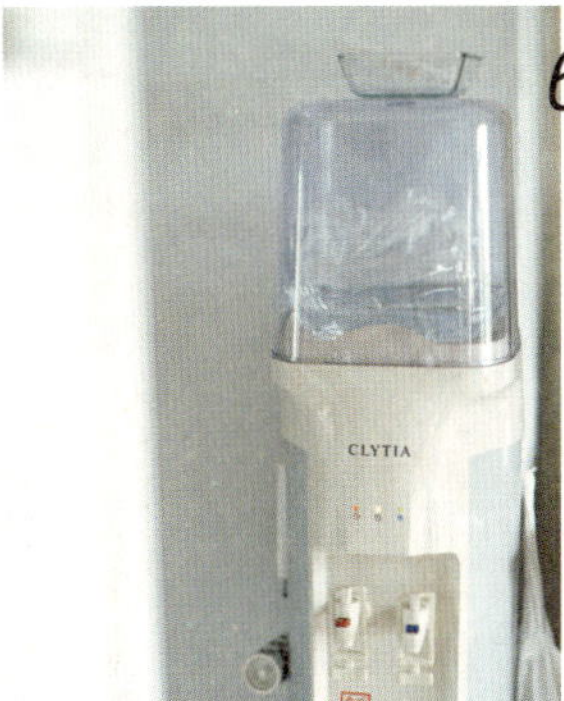

最近つくづく思うのは、「どんなに素晴らしい家事の方法でも、絶対の正解はない」ということです。今まで〝正解〟を求めていろいろ真似してみましたが、結局のところ、自分の家事スタイルは、自分の性格や状況に応じて身についていくのだと思います。いいと思ったら採用。合わないと思ったら省略。こうすれば続くと思ったらアレンジ。その方法は十人十色です。

本多家の家事リスト

妻(私)担当 →

◇買いもの　◇炊事　◇消耗品補充
◇掃除全般(床・キッチン・トイレ・浴室・水回り・窓・ベランダ)
◇アイロンがけ　◇家計管理　◇支払業務
◇壊れたものの補修・買い換え　など

夫の参加あり →

◇ゴミ捨て
◇食器洗い
◇洗濯もの(干す・取り込む・畳む・しまう)
◇年末の大掃除(換気扇・エアコン)
◇布団干し

夫担当 →

◇靴みがき

外注 →

◇クリーニング(スーツ・コート・ネクタイ)
◇洗車　◇揚げもの(つくらず買ってくる)

結婚当初は、ほぼ専業主婦だったため、家事を一手に引き受けていた私。ですが、忘れもしない2回目の結婚記念日の深夜、家事分担について、夫婦の熱い話し合いが。

当時の私は、整理収納の仕事が軌道に乗り始めて忙しく、ほぼひとりですべての家事をこなすことに大きなストレスを感じていました。そのストレスは、夫の就寝後に爆発。私は夫を揺り起こし、訴えました。

「〝明日は雨が降りそうだから洗濯をやめよう〟とか、〝冷蔵庫の中のキャベツを使い切らなきゃ〟とか、気付けば私の頭の中は家事ばかり。2人の生活なのに、なんで私ばかりなの？」

時は流れ、近年、この不満は解消。夫は相変わらず家事メンではないけれど、「(洗濯もののブザー音を聞いて)よし、干すか！」とか、「あ、食器洗うよ」と、家事への気付きが生まれてきたのです。私の家事負担が大きく軽減されたわけではないですが、指示は極力せず、やってもらったら「ありがとう」を必ず。これがwinwinの関係を保つためのコツだと心得ています。

本多家の生活動線

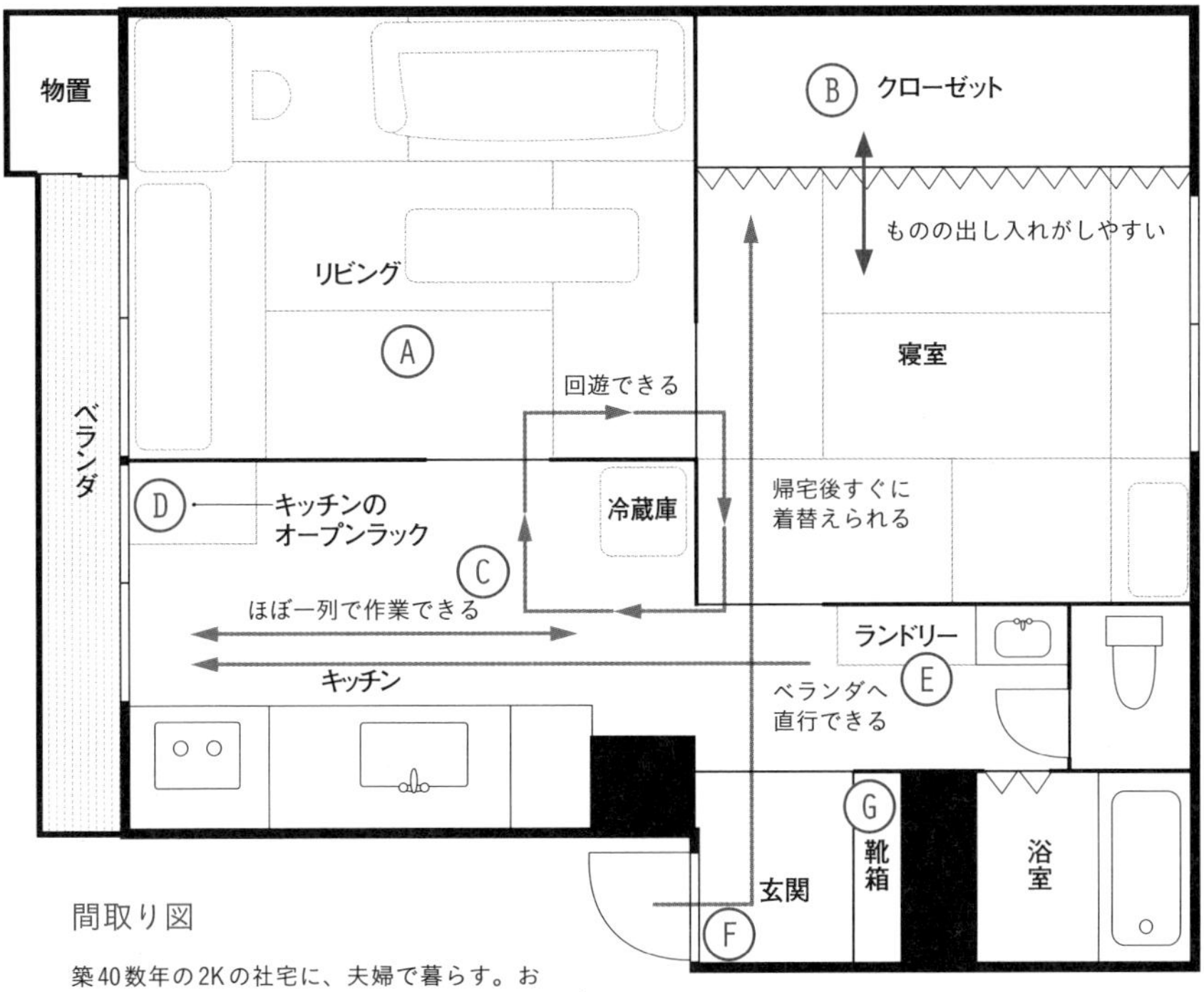

間取り図

築40数年の2Kの社宅に、夫婦で暮らす。おもな収納は寝室奥の1間半の押し入れのみ。回遊できて、ムダなく動けるシンプルな室内。

Ⓐ リビング (→P.16)

わが家のメインステージ。一日のほとんどをここで過ごす。ここで使う生活用品はそれほど多くない。

Ⓑ 押し入れ (→P.18)

ここはいわば控室。必要な衣類と布団がスタンバイしていて、出番が来たときだけ登場するように。

Ⓒ キッチン (→P.20)

食品、食器、ゴミなど、あらゆるものがつねに動いている場所。汚れやすいのですぐの対処を心がけて。

Ⓓ キッチン・オープンラック (→P.22)

本多家の食品庫。食品ストックはここで管理。量が多いと管理が大変なので、このサイズで十分。

Ⓔ ランドリー (→P.23)

毎日稼働する場所。タオル、下着、消耗品のストックなど、この近辺で使うものはここにまとめて。

Ⓕ 玄関 (→P.23)

狭いです。洗濯機の近くでほこりがたまりやすいので、こまめな掃除が必要。たたきに出す靴は夫婦1足ずつまで。

Ⓖ 靴箱 (→P.23)

頼れる収納庫。靴だけでなく、本やアルバム、紙袋も収納。わが家の中では比較的広い収納スペース。

Ⓐ リビング

「食事・仕事・くつろぐ」場所。使うものはコンパクトにグルーピング

ソファのひじ置き部分に木箱を立てれば、ミニ本棚に。エアコンのリモコンもここに。

①**本棚**／すき間に木製のボックス家具をセット②**紙の一時保管ボックス＆文房具など**／処分or保管で迷った紙ものはここに入れ、月1～2回整理を③**書類**／書類は案件別にファイリング④**ワーキングスペース**／畳1枚ほどの小さなコーナーに机を配置。机の上はパソコンのみ⑤**テーブルの下の棚**／収納の少ないリビングで貴重なスペース。爪切り、ウェットティッシュ、コースターなど、この場で使うものだけ収納

収納ポイント

文房具は必要なものだけ

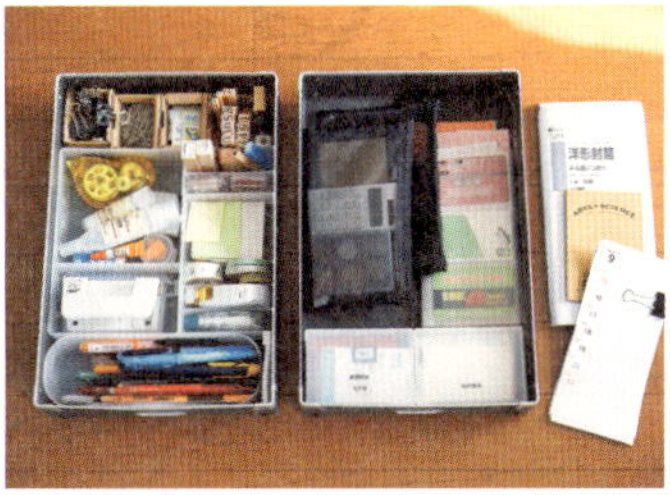

気付けば増えている文房具。むやみに数を増やさず、1軍だけ持つ、といつも意識して。

「旬な本」コーナー

今読みたい本や雑誌を収納。サイズの小さな文庫本は、かごにまとめて出し戻ししやすく。

○○専用引き出しを

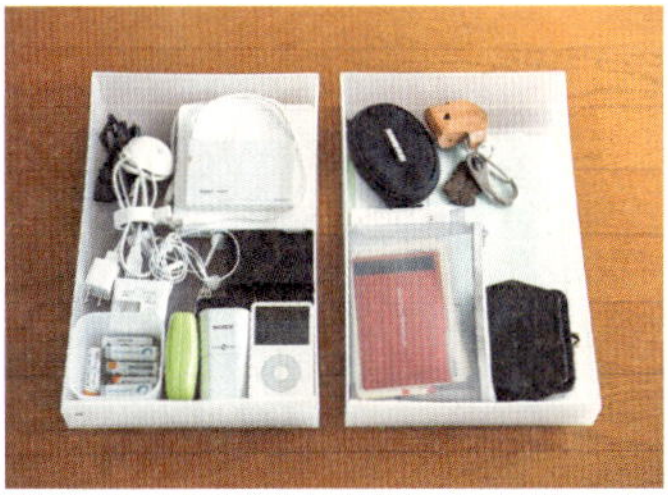

左は充電器などの電化製品系、右は夫の小物入れにして、専用の引き出しをつくって。

ソファでしか使わないもの

コースターやケア用品など、ここでしか使わないアイテムをテーブル下の棚に。

仕事の書類はまとめて

雑誌や書籍の仕事など、1ファイル1案件にまとめてラベリングすれば、すぐに取り出せる。

浮かす収納で場所確保

机には引き出しがないので、文房具やWi-Fiは空中収納。ペンスタンドを窓枠に貼って。

入れてみたらぴったり！

このすき間にちょうどよかった棚は、奥に入れた短い突っ張り棒2本が支えの一部に。

床につかないと掃除がラク

コンセントが床につかないように、くるっとまとめたり、コードタップを壁に貼ったり。

Ⓑ押し入れ

衣類が出番を待つ「控室」。収納位置は使用頻度に合わせて

①**シーズンオフの衣類など**②**パーティーグッズや思い出の品**／ジャンル分けして1箱1収納に③**アイロンセット**(手前)、**シーズンオフの衣類や礼服**(奥)④**しわが気にならない夫の私服**⑤**私のオンシーズンの服**／カーテンを開けたらすぐの場所に⑥**夫の私服**／しわが気になるものはここに⑦**おもに私の仕事資料**／すぐに見返せるように⑧**バッグやポーチ**(上)、**スポーツウェア**(中)、**私の仕事関連の備品ストック**(下)

収納ポイント

伸縮自在でぴったり収まる

押し入れには*アイリスオーヤマ「押入れクローゼットハンガー」を導入し、機能的に。

突っ張り棒で奥行を有効利用

次のシーズンまで着ないアウター類は、縦に張った強力突っ張り棒で、収納ケースの奥に。

引き出しは区画整理が大事

インナーは*無印良品の「不織布仕切ケース」を使って種類ごとに区画整理を。

奥の箱はラベルで把握

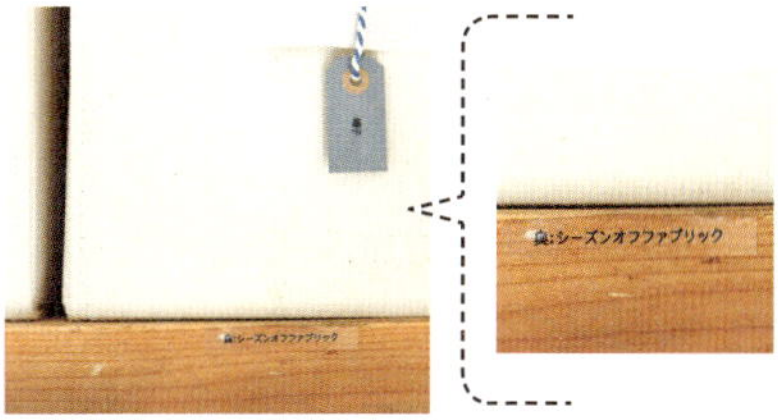

天袋にしまった箱は、収納の中身がわかるようにラベリングすると、把握しやすい。

冠婚葬祭セットは便利

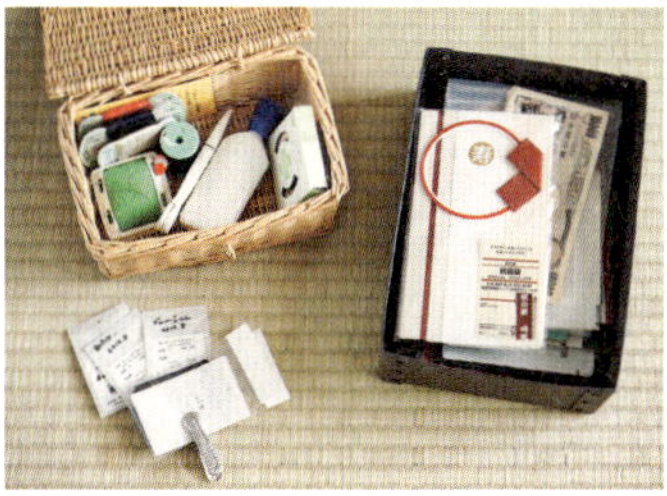

裁縫道具セットのように、祝儀袋や新札、筆ペンを冠婚葬祭セットとしてまとめると◎。

奥のものが出てくるしくみ

押し入れスライドハンガーを取り付ければ、奥のシャツにもアクセスしやすい。

吊るして形をキープ

バッグは、押し入れの下段に設置した突っ張り棒に吊るせば、型崩れが気にならない。

仕事関連のざっくりボックス

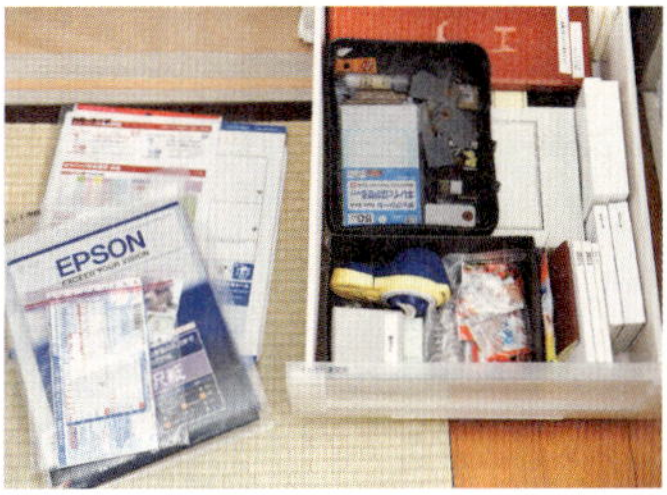

私の仕事関連で必要なもの。「仕事関連」というざっくりしたくくりにしておくと便利。

Ⓒ キッチン 毎日働く道具はしまわない。片手で取れるオープン収納

①**使用頻度の低い保存容器やミキサーのパーツなど**②**週1～2回程度使う2軍の食器**③**ご飯茶碗や汁椀、湯のみなど、毎日使いの食器**／片手でも出し戻しできるようにすると、毎日の炊事がラク④**保存容器、お弁当グッズ、薬、2軍の調理道具**／引き出しケースを使うと、奥のものも手前に出てくるのでスムーズ⑤**洗剤、消耗品、工具**⑥**フライパン、調味料**⑦**ゴミ袋、調味料など**／扉を開ければ出てくる"扉裏収納法"が◎

収納ポイント

引き出し式で取りやすい

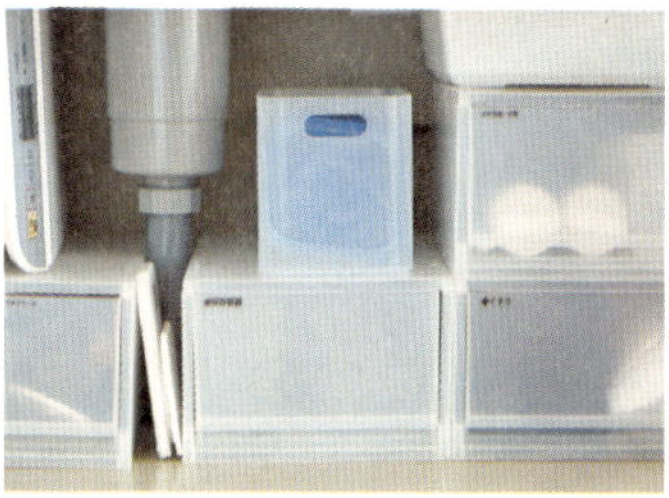

引き出しを導入して奥の空間をしっかり活用。1引き出し1ジャンルでわかりやすく。

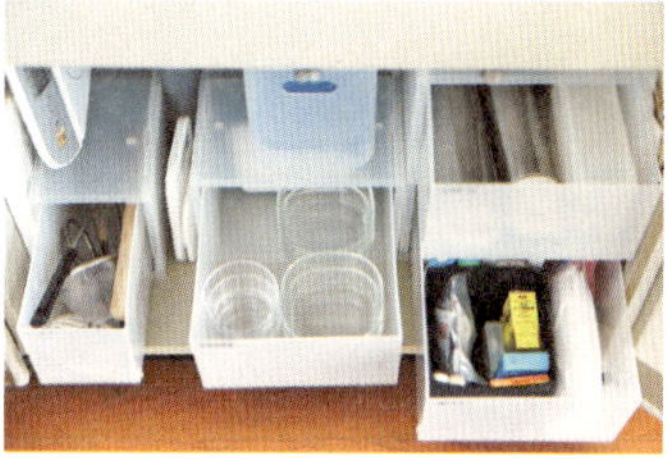

開けるとこんな感じ。総量も把握しやすい。

各フライパンに定位置を

フライパンは片手で取れるように、書類ケースで自立を。調味料はケースにまとめて。

スチールラックで2段に

毎日使いの食器はオープン棚に。2段にしたくて買ったラックは100円ショップで計300円。

扉裏の活用①

扉に吊るして使えるラック(P.124)が重宝。必要なものがしゃがまずに取れるから快適。

扉裏の活用②

書類ケースを付け、保存容器のふたなど軽いものを収納。扉裏はとにかく活用して。

3軍はざっくりボックスに

吊り戸棚の一番上は、取り出しやすいように、イケアの「VARIERAボックス」に。

進化するカトラリー収納

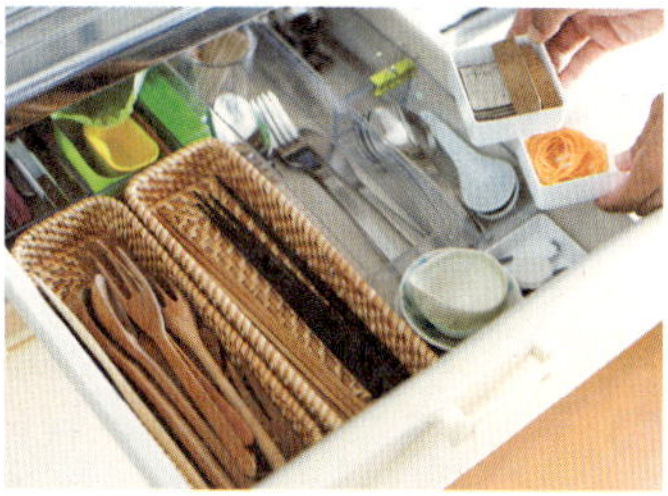

数回の見直しを経て、今はこれがベスト。輪ゴムなどは重箱式のケースにまとめて。

Ⓓ キッチンのオープンラック

過不足ないサイズで管理がラク。ストック食材をここにまとめて

①**クロスなどの布もの**(上段)、**ビンに詰め替えたスパイス類**(下段右)、**掃除用シートやメラミンスポンジをパッケージから出して収納**(下段左)②**日常的に使う食材**／容器に詰め替えてより使いやすく③**食材はこの3段引き出しに集約**／お茶とお菓子関連(上段)、乾物類(中段)、レトルトや缶詰など(下段)

収納ポイント

中身が見えるからすぐ取れる

お茶やごま類はオープン収納でも見やすいよう、ガラス収納を中心に。

イケアの箱で区画整理

手ぬぐいとおしぼり＆トレイがケンカしないように、箱で仕切って。

定位置があればすっきり

ジャンル別に仕切るのが使いやすさのコツ。ふたにはラベリングを。

引き出しにはポットも

引き出しにはポットも一緒に収納し、お茶を入れる動作をスムーズに。

重い缶詰類は下段が鉄則

重量があるものは最下段に。形状が近いものをまとめると収納しやすい。

ガラスのふたで一目瞭然

中段は乾物類。上からも一目瞭然なように、ふたもガラス素材を選んで。

Ⓔ ランドリー

洗う、干す、畳む。
すべてここで完了

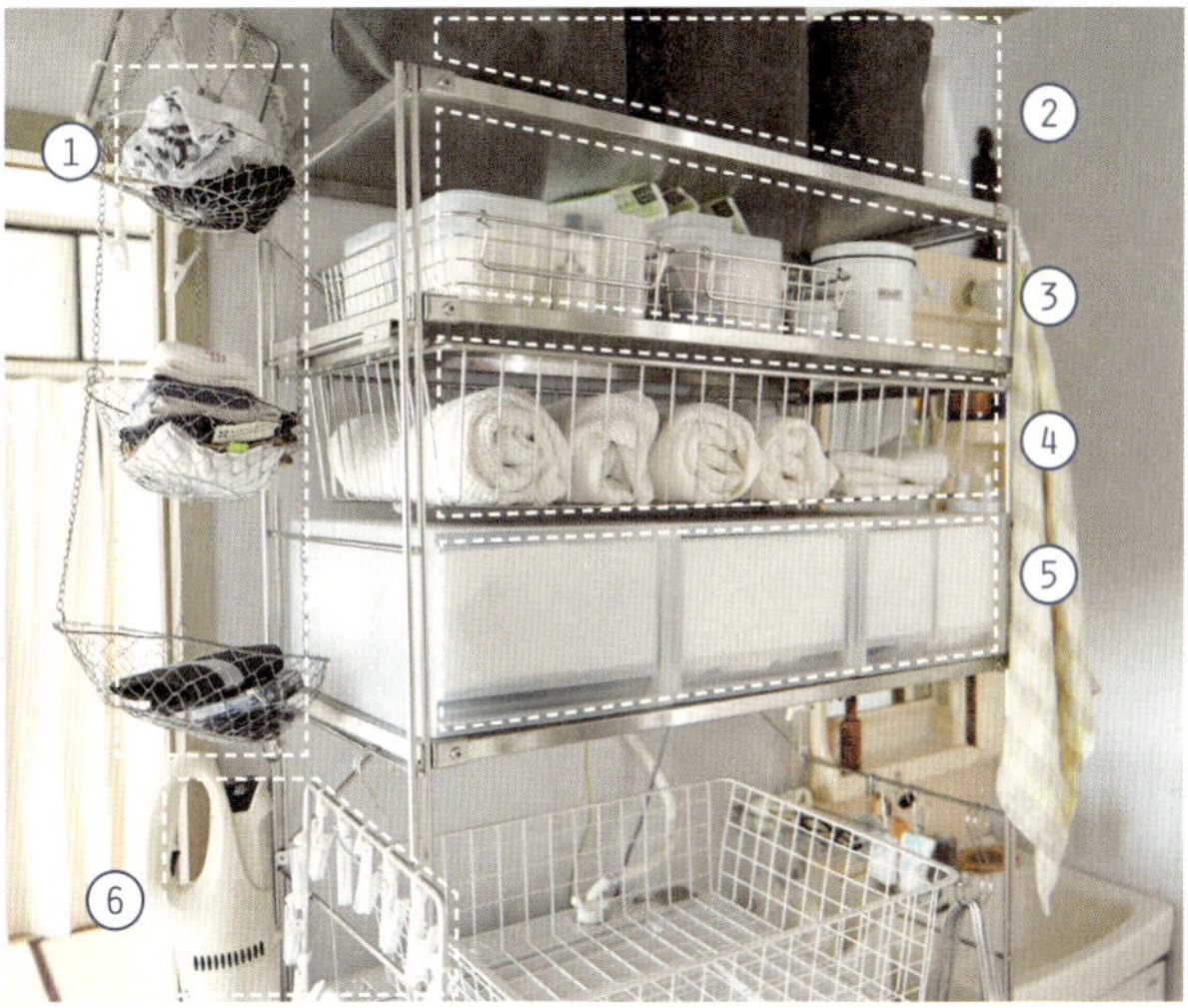

①(上段から)**手袋など季節小物、ハンカチ、夫のポケットの中身入れ**②**トイレットペーパーなど消耗品をジャンル別にストック**③(左から)**個包装の入浴剤や石けん、ドライヤー、粉石けん**④**タオルとバスタオル**⑤**下着**／前に白いボードを入れ、中身を隠して⑥**家事グッズの定位置**

Ⓖ 靴箱

自由な発想で
靴以外も収納

①**掃除機の充電器**②**自著やマンガ、CD、アルバム**③**夫婦のジム用バッグと防災バッグ**④**紙袋**／アクリルの仕切りを貼り付け、空中収納⑤**傘**／空きスペースに吊り下げて

Ⓕ 玄関

出発をスムーズに
するシステム

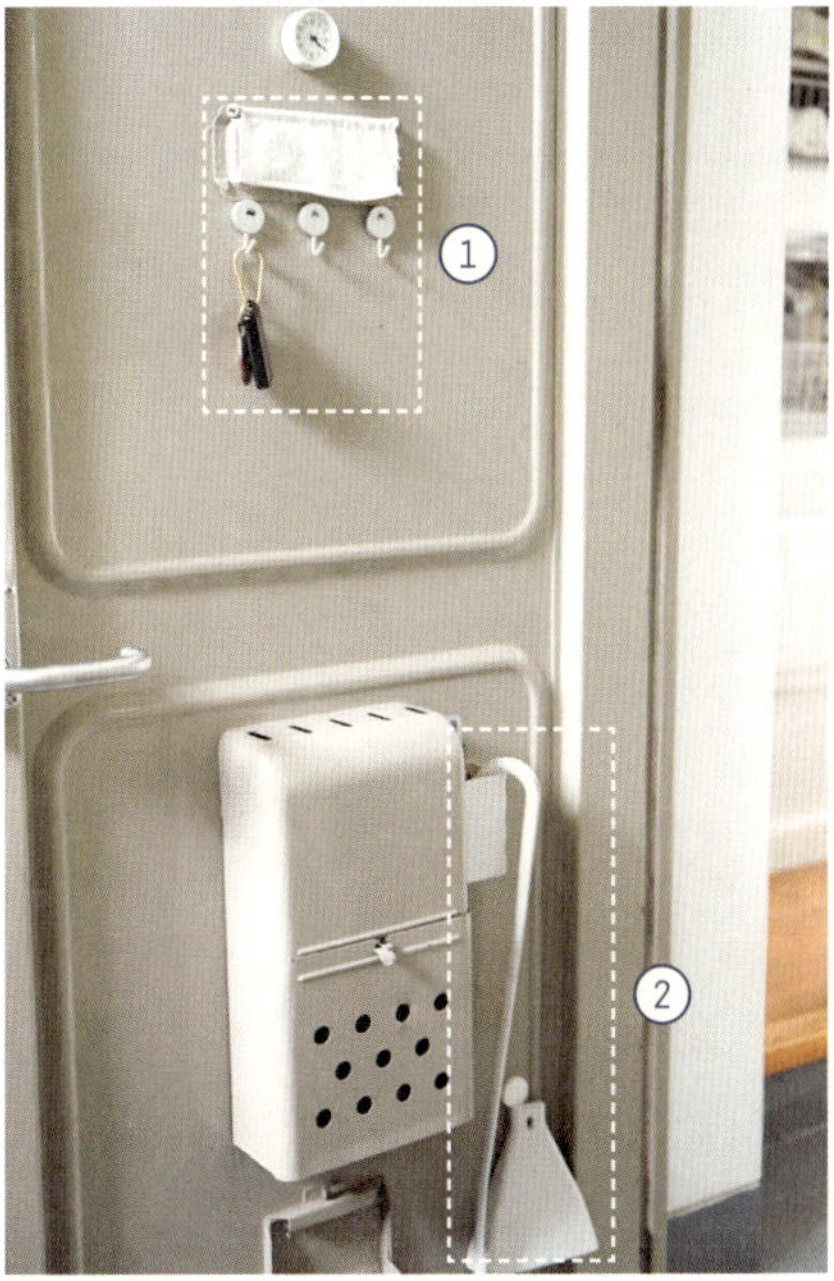

①**家や車の鍵**／*無印良品の「アルミ フック」に②**掃除用ほうきとちりとり、靴ベラ**／すぐに使えるから、使用頻度が高くなる。ミニボックスにはハンドクリームを

日々進化するズボラ家事

掃除に使う道具はベーシックなものだけ。ひとり何役もの仕事をこなしてくれる働きものを採用します。*マキタの「充電式クリーナ」、*無印良品の「マイクロファイバーミニハンディモップ」、あとはアルコールスプレーとウエス、メラミンスポンジ。日常的な掃除道具はこれだけで十分。

朝起きたとき、仕事から疲れて帰ってきたとき、どんなときでも、自分が身を置く空間は、最大限リラックスできる状態にしつらえておきたい。そう思う欲求は高いほうだと思います。ですが、それと同時に「面倒だな」と思う、もうひとりの私がいるのです。面倒くさがりだけど、家はいつも整えておきたい。これを実現するために考えたのが、**家事を少しでもラクにこなせる仕組み＝ズボラ家事**です。

掃除のためにハンディモップを取りに行くのが面倒だから、取りに行かなくてもいい場所をモップの定位置にする。洗濯ものをベランダまで干しに行くのが面倒だから、角型ハンガーを洗濯機の脇に吊るして移動を最小限にする。面倒だからどうするか？を起点に家事の方法を考えれば、とっかかりの億劫さは、かなり解消されるのではないでしょうか。

使いやすい道具がひとつだから迷わない、しまう場所がそこにしかないから戻しやすい、そんな**単純明快な仕組みを先回りしてつくっておけば、ズボラでも家事は続けられるはずです**。「もっとズボラに」を目指して、私の試行錯誤の日々は続きます。

掃除道具はすぐ使える「オープン収納」に

掃除機も洗濯かごも角型ハンガーも、吊るしておけばすぐに使える。

掃除は昔から好きなほうです。理由は、やったらやっただけの成果が、見た目の気持ちよさにはっきりと表れるから。でも、掃除好きとはいえ、計画を立てて、よし！と腕まくりをして頑張るような掃除は、できるだけしたくないのです。

だから、日々の掃除は「思い立ったらやる」方式です。この方式で大事なのは、瞬時に道具が手に取れ、すぐに使えること。わが家では、一カ所集中の収納はつくらず、掃除道具は適材適所に分散。何かの途中でも、目的のものが片手でさっと取れるように、できるだけオープンの収納方法を心がけています。そうすると、汚れを見つけても、見て見ぬふりをしないで即対処が可能。「道具はいつでもすぐ使えるようにしておく」。これが、一番ラクな掃除の方法です。

拭き掃除のときは、バケツに水をくんで移動すると効率よし。バケツはすぐ使えるよう、洗面所の下に収納。

※道具の紹介はP.122〜

ハンディモップ①

布団や服の出し入れで、ほこりがたまりやすい寝室にも、ハンディモップを買い足し。

ハンディモップ②

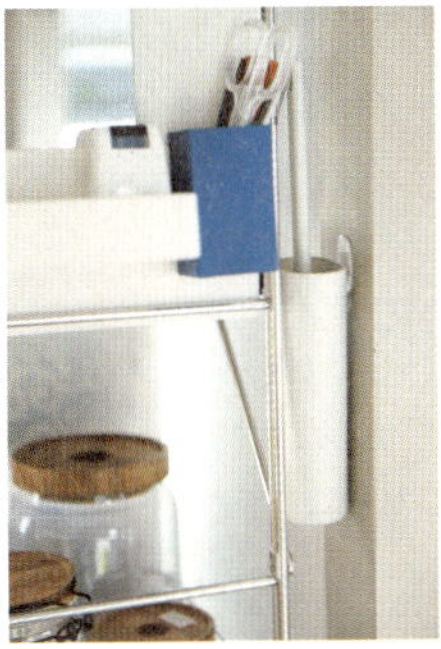

ほこりに気付いたらすぐ使えるよう、キッチンのオープンラックと壁の間に設置。

フローリングモップ

掃除の起点となる玄関近くに配置。トップをフックで吊るし、倒れないようひと工夫。

トイレの掃除道具

床に何も置かず、掃除しやすくしているわが家のトイレ。掃除道具はタンクの左右に。

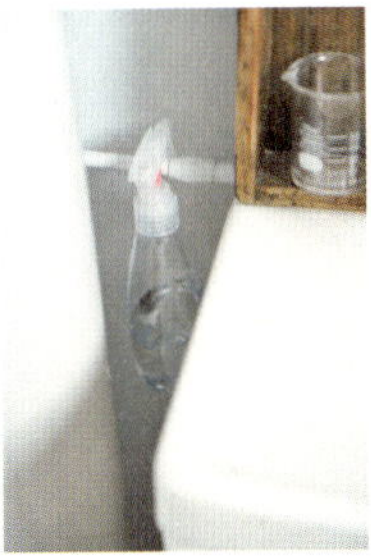

便器回りの掃除は「まめピカ」を使用。突っ張り棒に掛ければ取りやすい。

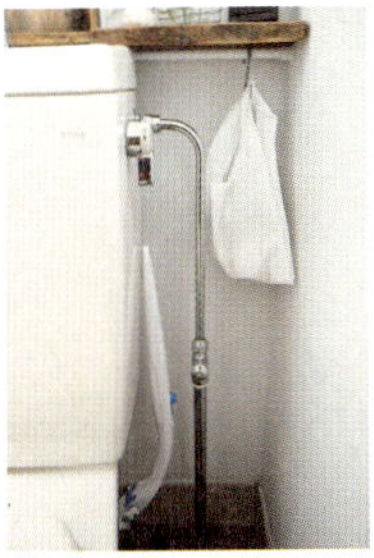

ブラシは*3Mの「コマンド™フック」で吊るして。袋にブラシの替えを。

水回りの道具

浴室用のスポンジと洗剤は、タオルのポールに掛けられるものをチョイスし、水切れよく。

アルコールスプレー

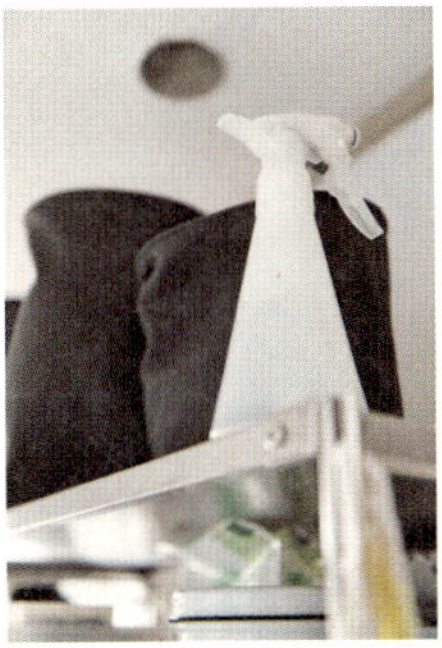

洗面台近辺の拭き掃除は、アルコールで。スプレーボトルに詰め替えてラックの上に。

各種洗剤

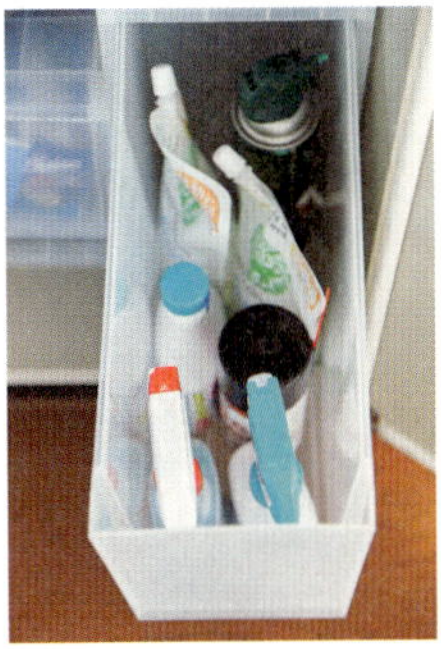

台所シンク下の引き出し収納には、定番の洗剤とストックを。一目瞭然だから迷わない。

「吊るす」は片付けやすい

私以上にズボラな夫も、「吊るす収納」なら元の場所に戻してくれます。

つい、ちょっとのつもりで、ものを置いてしまう場所ってありませんか？　吊るす収納は、そんな場所が狙い目です。ものを置いてしまう場所がわかってきたら、そこから近い壁面、家具の側面などに、フックなどの吊るせる道具を付けてみましょう。定位置をつくってあげることで、ものは格段に片付けやすくなります。

また、吊るす収納＝片手で取れる収納。簡単なアクションですむから、片付けがラクで持続しやすいのです。とはいえ、なんでもかんでも吊るしてしまえ～というのはNG。吊るしすぎると、かえって取りづらく、稼働しないものにほこりがたまる原因にも。吊るすのはよく使う1軍のもののみ。ひとつのフックには1点か同ジャンルのもの2、3点しか吊るさないように注意しましょう。

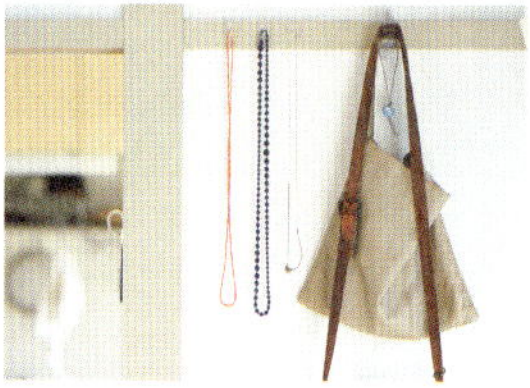

帰宅したらすぐにバッグを掛け、ネックレスを外せるように。吊るせば、長いネックレスが絡む心配もなし。

クロスは手を拭きやすい位置に

手拭き用、食器拭き用は、吊るせば乾きやすく。吊るせる水切りかごには、グラスを収納。

1軍道具は片手で取る

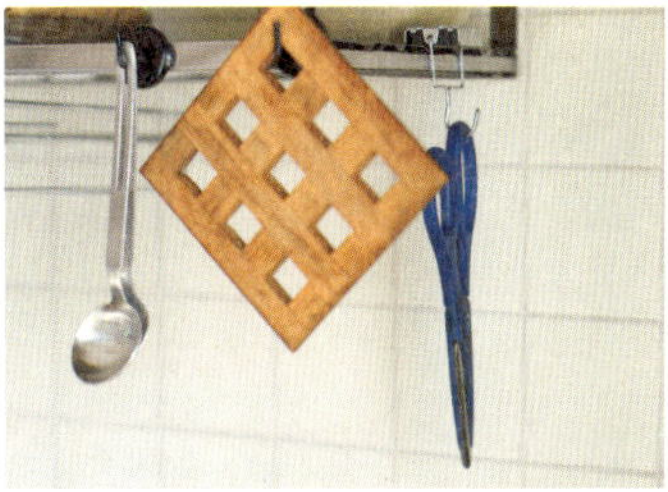

シンク上のラックに吊るす調理道具は超1軍のみ。片手で取れるので、調理がスムーズ。

一度着た服はここに

窓際のS字フックが、一度履いた私のパンツの定位置。次着るまで、このままのことも。

洗濯機回りにもフック

足拭きマットは洗濯機前面に。洗濯に必要な道具は、側面に吊るして効率よくスタンバイ。

ポケットの中身もさっと戻せる

玄関から寝室へ向かう動線上にかごを吊るし、「夫のポケットの中身」コーナーを。

毎日着脱する夫スーツの定位置

100円ショップで見つけた「かもいフック」を利用し、玄関から直行できる特等席を確保。

吊るす道具

*コマンドTMタブ、コマンドTMフック(3M《スリーエム》)

写真のように引っぱれば、のり残りなくきれいにはがせる。フックタイプやファスナータイプなど、数種類ある。

フック

わが家で活躍中のフック。場所や用途に合わせ、マグネット式、クリップ式と使い分けています。無印良品や100円ショップなどで購入。

ズボラ流・簡単掃除

簡単で気楽でなければ、掃除は毎日続かない。ラクだから続いている、6つの日々の掃除を紹介します。

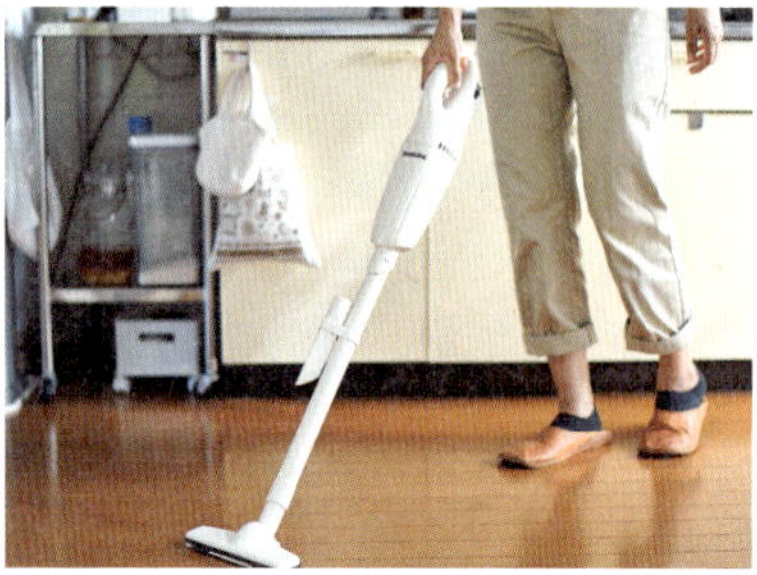

コードレスで気楽に

コードレスで軽く、ほうきのように使える*マキタの掃除機。毎日続くのはコレだから。

ほこりがたまる場所は定期的に

ハンディモップを使い始めたら、ついでにほかの場所も辿りながら室内をぐるっと一周。

1枚のクロスでとことん拭く

台所用クロスは一日1枚。作業台、コンロ、シンクをアルコールで拭き、最後に洗濯機へ。

「まめピカ」で簡単トイレ掃除

汚れやすい便器回りは、気軽さがベスト。トイレットペーパーと「ルックまめピカ」で。

髪の毛とほこりにはシートモップ

洗面周りとキッチンは、フローリングモップで床掃除。角のほこりもラクにオフ。

排水ゴミはティッシュでつまむだけ

排水口を*ウエルスジャパンの「髪の毛くるくるポイ」に替えたら劇的にラクに。

ウエス使い回し術

着古したTシャツや使い古しのタオルは、切ってウエス（使い捨て雑巾）に。一度に使い倒して捨てます。

① 水で濡らしたウエスで棚上から

棚の上や電気のかさなど、比較的汚れの少ない場所からウエスで拭き掃除スタート。

② 見落としがちなスポットにも

次に、なかなかこまめに拭くことができない洗濯機周りへ。アルコールスプレーも併用。

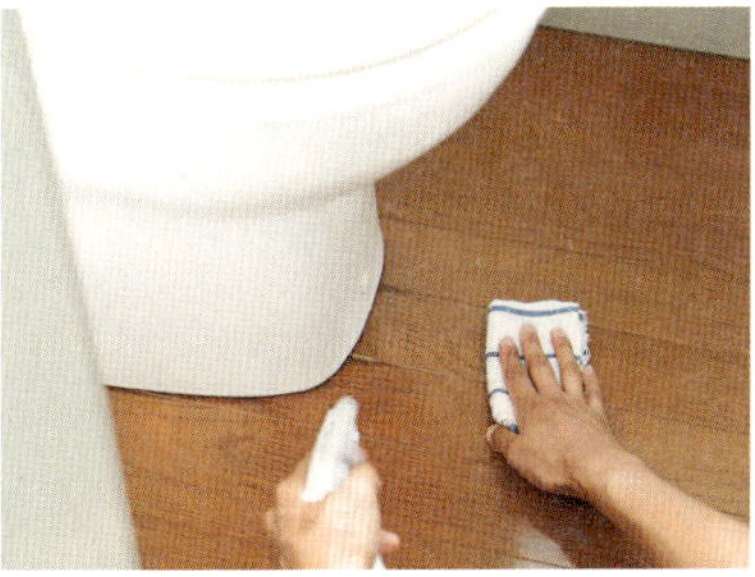

③ トイレの床もさっぱり清潔に

トイレの床もウエスできれいに。便器と床が接触するラインはしっかりアルコール拭き。

④ 玄関のたたきを拭いたら完了！

仕上げに玄関のたたきを拭いたらフィニッシュ。ウエスはそのままゴミ箱へ。

ウエスの収納場所

洗面所下に

掃除用に使うウエスは洗面所下が定位置。なくなったら補充。

キッチン扉裏に

油汚れにも便利なので、扉裏に専用の容器を吊るして使いやすく。

ウエスの元

時間があるときに、写真のようにTシャツなどを切ってウエスに。

「たまに」の特別掃除

私は大掃除をしません。その分気付いたら「たまに」の特別掃除を。どれも10分程度で簡単に終わります。

押し入れのすのこの下も忘れずに

普段布団をのせているすのこを出し、下にたまりがちなほこりを、掃除機で吸い取って。

コンロ下はメラミンスポンジで

コンロを作業台に移し、洗剤とメラミンスポンジで油汚れをオフ。最後にウエスで水拭き。

香りのよいウエスで畳を水拭き

畳は晴れた日に水拭き。ミントオイルを数滴垂らしたお湯にウエスをひたし、固く絞って。

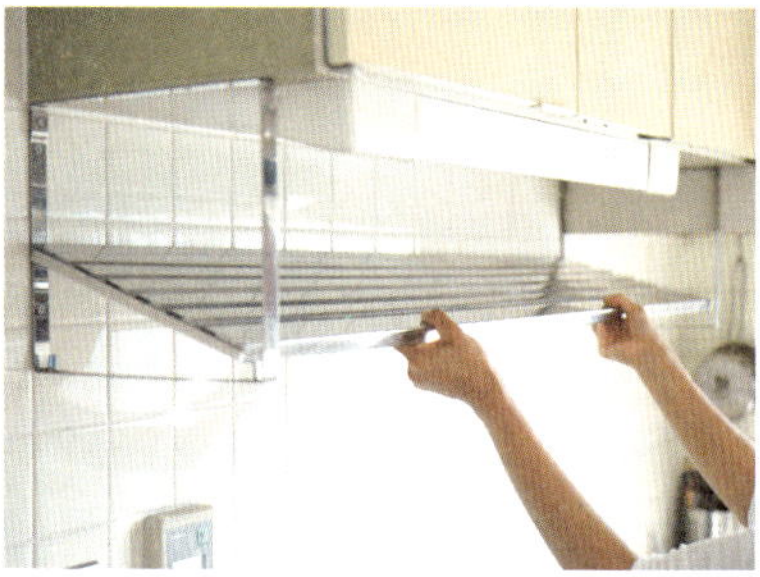

取り外せるオープン棚も洗って

油で汚れやすいキッチンの棚。棚ごと外し、中性洗剤とスポンジを使ってシンクで洗って。

年に1～2回の洗濯槽掃除

お湯をためた洗濯槽に*酸素系漂白剤を入れ、回転。浮かんだ汚れは網ですくい取って。

年に2回程度、浴室で網戸掃除

浴室に網戸を運び、シャワーをかけながらスポンジでこすり洗いを。砂ぼこりもさっぱり。

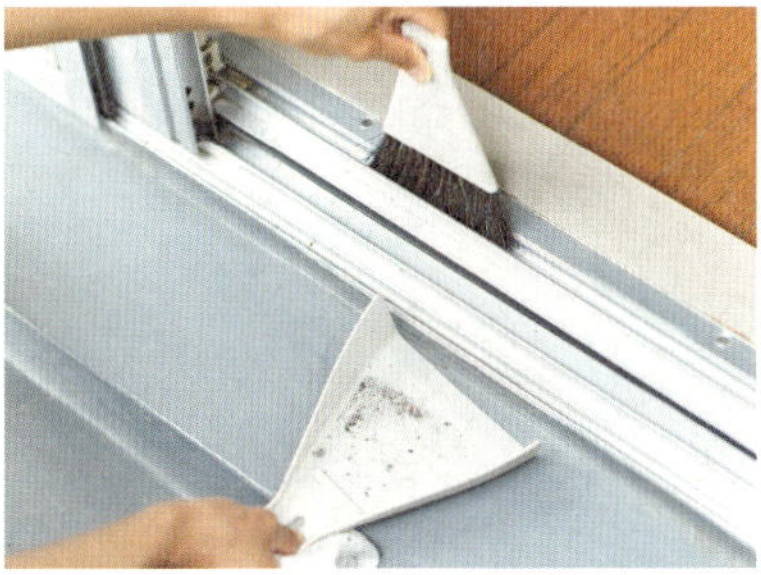

ほうきがサッシの幅にフィット

サッシの砂ぼこりは、玄関で使っている*卓上ほうき(P.122)でかき落とすように払って。

ベランダはブラシでこすり洗い

砂ぼこりがたまりやすいベランダの床。月に２回ほど水を流して、ブラシでこすり洗いを。

汚れ防止のひと工夫

ちょっとした先手の手間が汚れをつきにくく、掃除をラクにしてくれます。私がやっている「汚れ防止法」を紹介します。

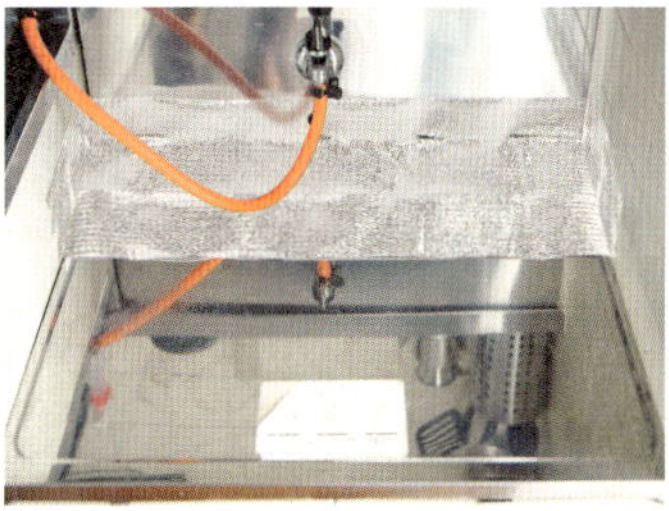

アルミシートをコンロ奥に

コンロと台のすき間にはアルミシート。油はねで汚れたら取り替えるだけで掃除いらず。

市販のフィルターで汚れを防止

換気扇には60cm幅にカットされたフィルターを付けて。付属のマグネットで固定。

ふきんで油をシャットアウト

油が飛びそうな料理をつくるときは、塩とこしょうの容器にふきんをかけ、油はねを防止。

水周りをきれいに保つ工夫

掃除用のメラミンスポンジはすぐに使える工夫を。歯みがきしながらでも使えます。

　近所のガソリンスタンドは、お手洗いがいつもピカピカで、よく利用しています。水周りの清潔さは、ひとの気配りから生まれるもの。そんな空間は気持ちがよいものですから、私もまめな水周り掃除を心がけています。とはいえ、私が気を付けているのは、「水気を残したままにしない」ということくらい。あとは、洗面ボウルをメラミンスポンジでこする程度です。水気を残さないために、顔を洗ったら、顔を拭いたタオルで洗面台周りを拭く。メラミンスポンジは脇に吊るしてすぐに使える状態にしておくなど、気軽に手を動かせる方法にすれば、面倒ではありません。けれども気付けば蛇口周りに水アカが……、ということも。

　そんなときは最終手段の紙やすり。これで水アカを軽くこすると、たいていきれいに取れます。

〝最後の頼みの綱〟耐水性紙やすりはホームセンターで購入。大きめサイズを買って、カットして使います。

小物は浮かせる収納で衛生的に

お風呂のあとは、スクイジーで壁と床の水気を切って。シャンプーラック、洗面器、風呂椅子は浴槽のふちにまとめて空中収納。

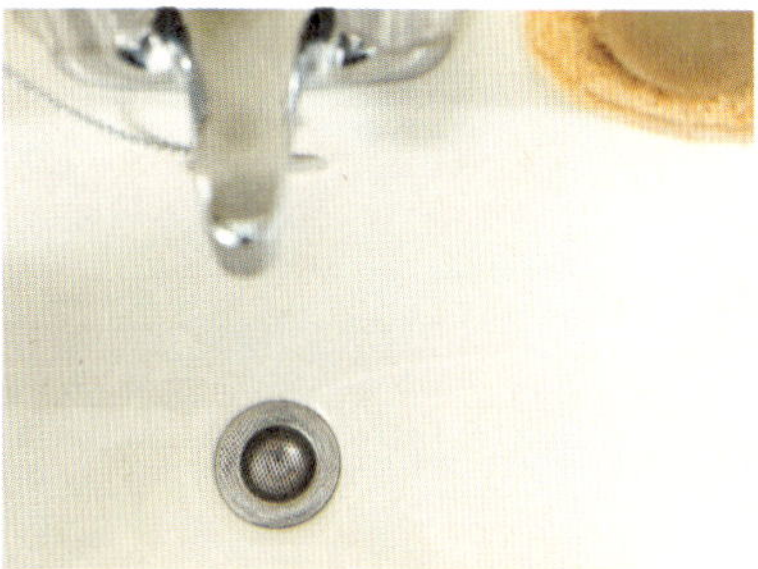

排水口にはゴミが流れないように

洗面台の排水口には、100円ショップで買ったゴミ受けをセット。夜、歯みがきをしたあとに、たまったゴミをティッシュで取って。

突っ張り棒に洗剤を引っかけて

洗面台下は、短い突っ張り棒を使って、空中に収納スペースを。カビ取り用洗剤と、たまに使う使い捨て手袋をスタンバイさせて。

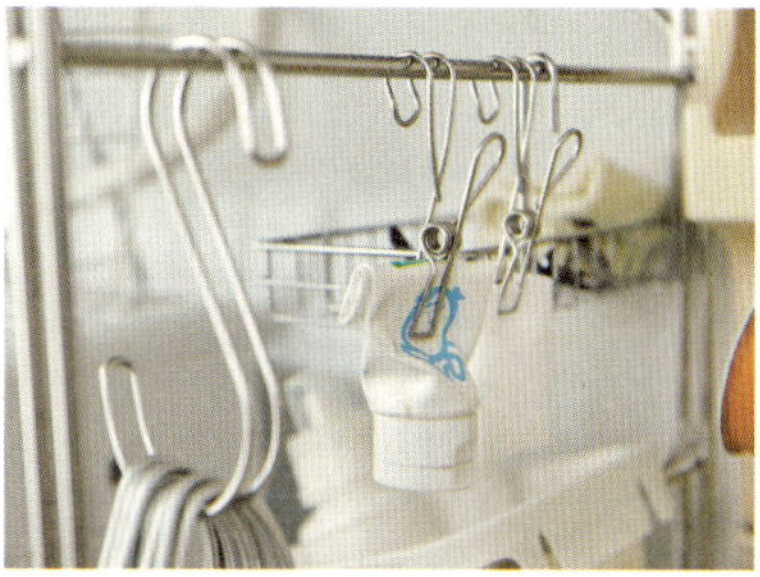

挟んで吊るせば、すぐに使える

歯みがき粉やメラミンスポンジは、*無印良品の「ステンレスひっかけるワイヤークリップ」で挟んで、そのまま使用。

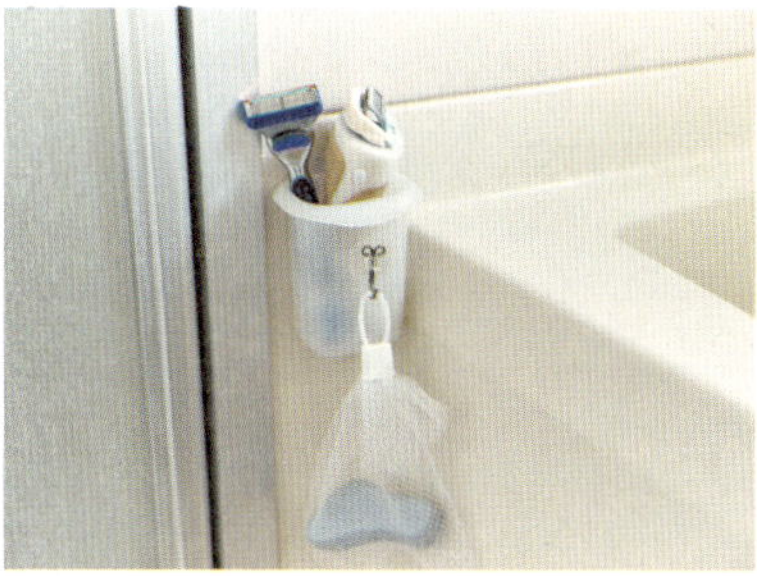

浴室内でも100円グッズ活用中

浴室で使うカミソリなど、こまごましたものは、100円ショップの吸盤付き容器に。底面に穴があいているので、水切れがよく優秀。

蛇口の水アカは耐水性紙やすりで

蛇口の水アカを耐水性紙やすりでこすったら見事に落ちた！　プラスチックなどにはNGなので注意。水で濡らしてから使いましょう。

朝をラクにする夜洗濯のススメ

ハンガー：*アルミ洗濯用ハンガー・肩ひもタイプ・3本組 約幅41cm（左はし）、*アルミ洗濯用ハンガー・3本組 41cm、*アルミ角型ハンガー ポリカーボネートピンチ仕様・大〈ピンチ40個〉（ともに無印良品）

夜洗濯を始めたきっかけは、近所の共働き夫婦のベランダに、夜、洗濯ものがたくさん干してあるのを見たこと。「夜、洗濯をしてしまえば、朝がラクなんだ」と新たな発見をし、試してみようと思いました。

わが家でも夜洗濯にすると、朝のお弁当づくりに精を出せるようになったり、朝の忙しい時間に気持ちの余裕が生まれたりといいことずくめ。今では原則、夜洗濯です。天気予報で、夜から翌朝にかけて確実に晴れそうならベランダへ。怪しいときは部屋の中に。乾燥が気になる冬は、加湿器代わりにもなるので一石二鳥です。洗濯ものをピンチから外すときは、足元にイケアの浅いバスケットを置き、上からぽんぽん落とすだけ&あとは座って畳むだけの仕組みに。朝の私をラクにする、夜洗濯のシステムです。

イケアの「ALGOTワイヤーバスケット」が洗濯ものをキャッチ。バスケットの定位置は洗濯機の脇。

いつもの洗濯

洗剤を投入

最後にお風呂に入るのは私。入浴前に洗濯機を回し、入浴後に洗濯ものを干します。

予洗いは洗面ボウルで

Yシャツは湯を張った洗面ボウルに襟元を浸け、ブラシで予洗いしてから洗濯機へ。

シミは食器用洗剤で

服に食べもののシミが付いたら、即対処。多くは食器用洗剤を直接付けてこすり洗いを。

色ものはよけて

色落ちしやすいものは、入浴時に洗剤とともに風呂場へ持ち込み、手洗いします。

おしゃれ着洗い

おしゃれ着用洗剤を投入

実家暮らしのときから、「お気に入りのおしゃれ着はエマールで洗う」というのが習慣。

洗えない服はクリーニングへ

夫のスーツとネクタイ、デリケートなカシミヤ製品はクリーニング店におまかせします。

お気に入りの洗剤

左から順に：「ゴミがかさばらなくていい」と使い始めた粉洗剤は、ホウロウ容器に詰め替えて。ハッピーエレファント ランドリーパウダー（サラヤ）、おしゃれ着は昔からずっとこれで洗ってます。エマール（花王）。

酸素系漂白剤を、洗濯の時に使うと、黄ばみを抑え、色鮮やかな仕上がりに。*パックス 酸素系漂白剤（太陽油脂）。香りのよい柔軟剤も浮気せずにずっとこれ。ソフラン アロマソープの香り（ライオン）。

時短家事のかなめ！めぐりのよいキッチン

コンロ脇からベランダへすぐに出られて、使い勝手がいいわが家のキッチン。ふきんはすぐベランダに干せるし、調理中、ガラス戸を開ければにおいもこもりません。日当たりがよいところも気に入っています。

「あなたにとって、好ましいキッチンとは?」とひとに聞かれたら、私は真っ先に「めぐりのよいキッチン」と答えます。キッチンは、日々さまざまな食材や消耗品などが入ってきて、あらゆる道具を使いこなし、流れるように作業をする場所。だから、食べものも、道具も、汚れも、同じ場所に滞ることなく、いつもぐるぐるとめぐる状態にしておきたいのです。

体のめぐりがよいとひとが健康でいられるように、めぐりのよいキッチンは、健全な暮らしになくてはならないと思っています。

めぐりのよいキッチンとは、ものを使いやすくするための土台=**収納が整っていて、ひとが動きやすく、家事がしやすいキッチン。**「買ってきた食材を置く場所がある」、「ものの出し戻しがスムーズ」、「汚れに気付いたら、右手にふきん、左手にアルコールスプレーをさっと持ち、掃除できる」……そんなキッチンなら、ムダな手間をかけずに、どんどん次の作業へ進むことができるでしょう。食事づくり、洗いもの、買いものの整理、ゴミの処理……、**家の中で家事に費やす時間が長い場所だからこそ、キッチンでの少しの工夫が大きな時短につながります。**

道具は働きものに限る

左奥から時計回りに：*ピコ・ココット ラウンド22cm（ストウブ）、*IHモカ フライパン28cm（ティファール）、ミルクパン15cm（BEKA）、SKÄNKA フライパン28cm、TROVÄRDIG フライパン20cm（ともにイケア・ジャパン）

どんな道具も、持っているのに使わないのは残念なもの。持っているからにはたくさん使いたいし、よく働く道具が理想的です。でも、新婚当初は、自分の暮らしにフィットする道具はどんなサイズや形なのか、たくさんの中からどれを選べばよいのかわからなかったので、必要最低限のものだけを用意し、暮らしながら、さらに必要な道具を見極めていくことにしました。

5年経ち、鍋とフライパンは十分な数になりました。収納スペースとのバランスもよい具合です。ティファールのフライパンは、炒めもののほかパスタや野菜を茹でるときにも使い、小鍋は、汁もののほか、ほうじ茶を煮だすときの急須代わりにも。結婚2年目に購入したストウブは、鍋兼炊飯器。毎日休むことなく活躍しています。

用途の多いストウブの鍋は、いつもコンロトップに出しっぱなし。網をかませれば、蒸し器代わりにもなる。

作業スペースを確保する

コンロ下の作業台：レンジテーブル モダングレー（マッキンリー）

わが家のキッチンの作業台は、まな板を2枚並べたらいっぱいの小さなスペース。調理のときも、食器の後片付けのときも、窮屈な思いをしながらやるのでは効率が悪いので、小さいながらもできるだけ広々と作業できるように、工夫をしています。

まず、作業台のトップは、いつも何もない状態にしておくこと。野菜を切ったら、1段上がったひな壇状のスペースにどんどんのせて、よけていきます。このひな壇スペースも作業台を兼ねているので、出しているのは塩ツボなど1軍だけ。そしてコンロの下には「レンジテーブル」を導入し、スペースを増設。引き出し式なので省スペースです。作業台にいてもいいのは、今動いているものだけ。そのほかは別の場所によけるシステムにして、スペースを確保しています。

シンクの左側には、業務用ワゴンを設置。帰宅したらすぐ、買いもの袋を置くスペースにもなっています。

狭いキッチンも工夫次第

右手前の水切りかご：*丸形水切りかご（辻和金網）

わが家の作業台には、波型の凹凸があり、シンクに向かってわずかに傾斜しています。つまり、ここに洗いものを置くと、シンクに水が流れる仕組みになっているのです。ここを食器の水切りスペースとして使わない手はない！　ということで、多少濡れても気にせず、写真左の水切りラックに入らない鍋やボウルなどは、作業台に置いて自然乾燥させています。飯碗など丸い形状の食器は、お気に入りの辻和金網の水切りかごを使用して自然乾燥。

　洗いものはできるだけ拭かずにすませたいので、夜食器を洗ったら、写真のようになるべく乾きやすい状態にして置いておきます。朝起きたときにはほぼ自然に乾いているので、あとは元の場所に戻すだけ。およそ1分でキッチンのリセットが完了です。

溝があって乾きにくいプラスチックの保存容器は、ピンチで挟んで吊るせば水切れがよく、乾きもバツグン。

直置きせずに浮かせて

シンク周りのものは、吊るしたり、浮かせたりして水切れよく。色は白を選びすっきりと。

台ふきんは一日これ一枚

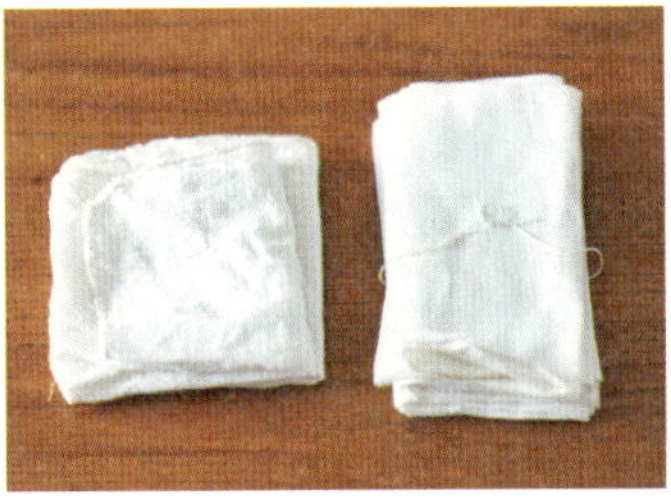

台ふきんは、*無印良品の「落ちワタふきん」を愛用。一日使ったら、軽く洗って洗濯機へ。

よく使う工具類はシンク下に

工具類はシンク下に。新聞紙をひもで結ぶときも、ここに道具があると最短で作業完了。

文房具はマグネット式ケースに

キッチンで使う文房具は、マグネット式の箱やトレーに収納。調味料には開封日を記入。

バッグに突っ込む簡単収納

スーパー袋は、シンク扉に吊るしたバッグに入れるだけ。保管するのはここに入る分だけ。

キャスター付きで掃除がラク

根菜はキャスター付きボックスに入れ、ワゴンの下に忍ばせて。動かしやすく掃除がラク。

紙袋を生ゴミ入れに

たまりがちな紙袋は、持ち手部分をカットすれば自立する生ゴミ入れに。調理中に活躍。

お米がこぼれる心配なし

ズボラなひとにおすすめ、米とぎ時に、鍋に引っかけて使うアイテム。時間の短縮にも。

お気に入りの市販品があれば

左から：玄米あま酒(マルクラ食品)、印度の味カレーペースト中辛(マスコット)、きざみしょうが(桃屋)、おかずラー油(S&B)

スーパーで「新商品!」「お得!」の陳列を見てつい買っちゃった、という経験が何度かあります。結果、収納スペースは圧迫されるし、使い切れず、ムダにして終わりました。ですから今は、「友人の家で食べてみて間違いなく美味しかった」、「いろんな料理に合うから、最後まで必ず消費できる」と太鼓判を押したアイテムだけを、リピート買いするようにしています。

わが家のお気に入り市販品といえば、「おかずラー油」。ご飯に、豆腐に、野菜炒めにと、とにかく万能。「きざみしょうが」もラー油同様万能で、料理の時短にもひと役買ってくれています。カレーペーストも定番の常備品。甘酒は最近始めました。厳選した市販品を常備しておくと、料理ができない日の強い味方にもなってくれますよ。

朝ご飯に多い、「簡単スタミナ丼」。ご飯に納豆、卵、おかずラー油、きざみしょうが、白ごまを。よく混ぜて。

下ごしらえで食事づくりの貯金を

写真中央のお肉はP.44で紹介している「印度の味」用。やる気と時間がない日の保険。

「下ごしらえは、未来の自分への思いやり」。仕事からバタバタと帰宅して冷蔵庫を開けるとき、とくにそう思います。下ごしらえをしているときは、正直、面倒なのですが、これをやっておくと、あとが本当にラクで、「過去の私、ありがとう。助かったよ」と自分にお礼をいいたくなります。

野菜は大量に買うのではなく、少しだけ多めに買って茹でておく。肉や魚は、一度に使う分量ずつラップをかけて冷凍しておく。定番レシピは、下味をつけ、ジップ袋に入れて冷凍。食材を庫内に入れるときは、面倒でも、マスキングテープに日付を書いたものを貼ります（こうしておくと、早く使わなきゃと思い、食材がムダになりにくいのです）。

忙しいときに、冷蔵庫内に下ごしらえの貯金があると、精神的にも安心です。

角切り野菜とベーコンを炒め、水とコンソメで煮たスープ。ミキサーにかけ、牛乳を加えればポタージュに。

食べ切るための冷蔵庫収納

冷蔵庫はどうしたって奥が使いづらい。取りやすさを優先するなら、「手前に横並び」で。

扉裏収納は、奥行がなく見渡せて、じつは一番優秀なスペース。ぜひ1軍の食品の収納を。

「始末のよい食品管理」が、ずっと私の中での大きな課題でした。買った食べものをダメにしてしまうのは、買いものにかけた時間、お金、労力、収納場所、そして食べもの自体をムダにしてしまうので、なんとしても避けたい行為。とはいえ、過去には「ついうっかり」ダメにしてしまったこともあって、そのたびに、次は絶対にムダにしない、と心に誓い、今があります。

食べ切るために、冷蔵庫収納で気を付けていることは、食材を前後ではなく横に並べ、死角をつくらないこと。また、付属の仕切りは奥半分だけを使ってひな壇状にし、収納量より取り出しやすさを優先させること。冷蔵庫の中身が把握しやすいおかげで、食材の管理も格段にラクになりました。冷蔵庫は、一目瞭然がベスト、と実感しています。

以前の冷蔵庫は427Lでしたが、*無印良品「電気冷蔵庫・270L」にサイズダウン。食品の廃棄も減りました。

ドアポケットに収納しやすく

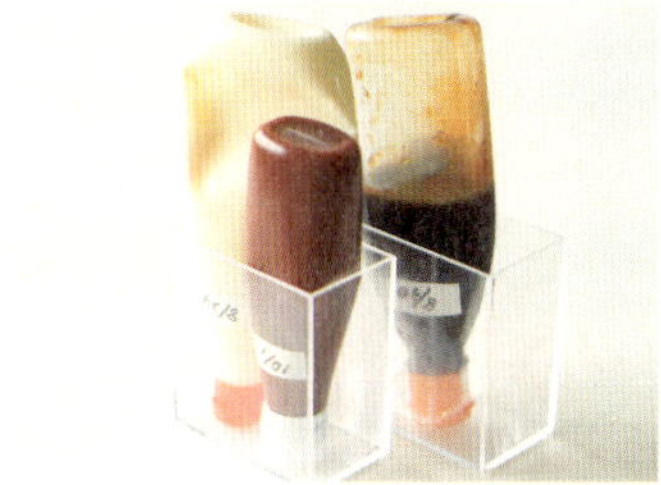

チューブ式調味料は100円ショップで買ったアクリルペン立てに、頭を下に立てて収納。

少量サイズが使いやすい

コスパが落ちても、少量サイズや個包装を選択。庫内でもスペースを取らず、使い切れる。

バターは1回分ずつラップに

余ったバターは1回分をラップして空きビンに。残量を確認しやすく、使い切りやすい。

ご飯の友はひとまとめに

「ご飯の友」は100円ショップのトレーにまとめ、定位置管理。夫も戻してくれるように。

中身が見えるから忘れない

常備菜や余ったおかずは、中身がわかるガラスの保存容器に。食べ忘れのリスクヘッジ。

新聞紙1枚で掃除がラクに

汚れても掃除がラクなように、野菜室の底には新聞紙を敷いて。これは私の実家の習慣。

バラ野菜はひとつにまとめて

バラの野菜と果物は、それぞれ1枚のジップ袋にまとめて、調理時には袋ごと取り出して。

冷凍庫は立てる収納で見やすく

冷凍庫には、昔CDを収納していたケースを2つ入れ、ジップ袋を立てる収納をサポート。

ゴミ箱は容量と収納場所が肝心

ゴミ箱：*シンプルヒューマン レクタンギュラー ステップカン リサイクラー 46L（シンプルヒューマン）

整理収納サービスでお客さまに「キッチンでまず解決したいお悩みは？」と聞くと、「ゴミ箱の置き場所がなくて……」と、多くの方がゴミ問題を挙げられます。そんなとき私は、「ゴミ箱の場所は贅沢なくらいにきちんと設けることが、家事のしやすさにつながります。ゴミ箱が置けるようにものを整理しましょう」とお伝えします。

わが家のシンプルヒューマンのゴミ箱は、キッチンの特等席に、でん！と構えています。最初、家の狭さに比べて大きすぎ？とも思いましたが、掃除機のフィルターにたまったゴミをかき出すとき、シュレッダーの紙ごみをざーっと捨てるとき、ストレスなくゴミが捨てられるのは、この容量のおかげ。家の各所に置いたゴミ箱のゴミも、このゴミ箱は、懐深く受け入れてくれます。

ゴミ袋は、折り目に段ボールを挟み、上から輪ゴムで留めて。ティッシュのように1枚ずつ取れて便利。

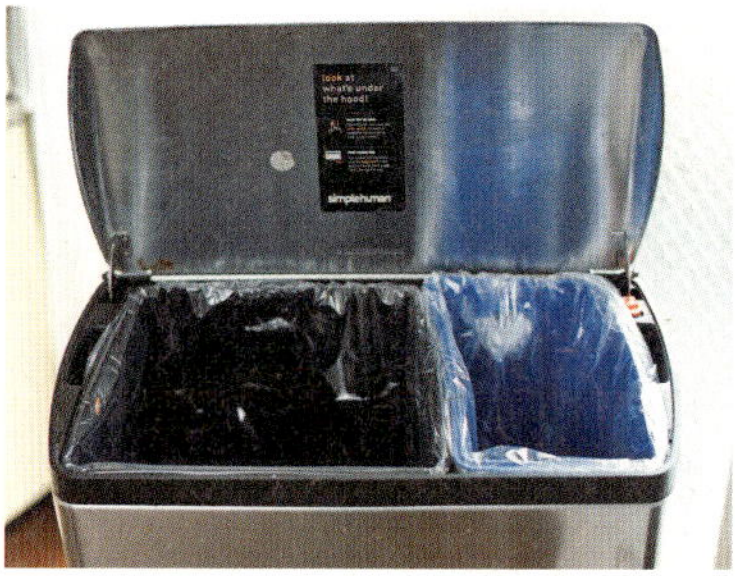

上）*シンプルヒューマンのゴミ箱の中は、7：3くらいで、可燃ゴミと食品トレーなどのリサイクルゴミに分けて使用。右）ベランダには*ニトリの「オリタタミダストBOX レジブクロホルダー」を置いて。カン・ビン・ペットボトルが分別できるように、スーパー袋3つで区切って使用。

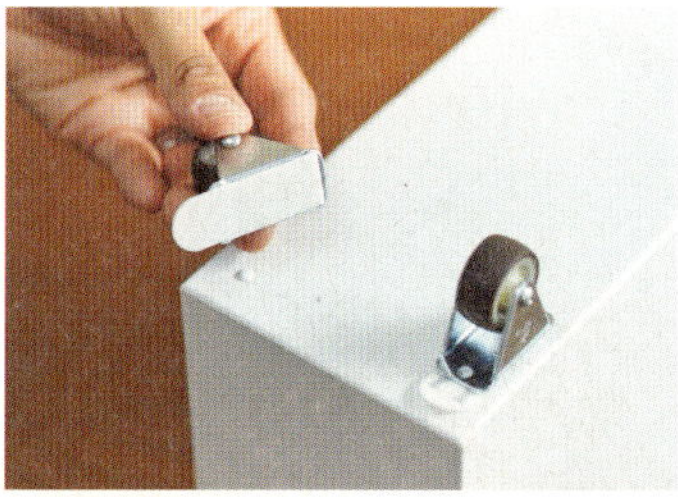

左）新聞入れにもキャスターを付けておくと引き出しがスムーズ。*3Mの「コマンド™タブ」で簡単に接着。下）左から、*アイリスオーヤマ「細密シュレッダー」、カン・ビン・ペットボトルを一括で捨てる*無印良品の「PPダストボックス・フタ付・小（分別タイプ）」（専用キャスターを装着）、新聞など紙ゴミを入れる箱は、ファイルボックスを使用。

散らかりやすいもの、たまりやすいもの

いわゆる「パジャマ」ではなく、家でくつろぐとき、眠るときは、もっぱらルームウェア。ルームウェアは長い時間着るものだから、着心地がよく、着ていてうれしいものがいい。外着から降格させたりはせず、着心地と値段のバランスを考えて選びます。シャツ(デッドストックのもの)、スウェットパンツ(ユニクロ)

ソファに幾重にも重なった洋服の山、取り込んだままの洗濯もの、つい適当に詰め込んでしまう分類しにくいもの……家の中には多種多様なものが混在します。散らかれば散らかるほど、何をどうすればよいかわからなくなり、頭の中はフリーズ状態。「あ〜もういや！」と、家のことを全部投げ出したくなってしまうひとも多いのではないでしょうか。

でも、**ずっと片付かないもの、散らかりっぱなしのものから目をそらさずに、シンプルな受け皿をつくってみてほしい**のです。たとえばソファに放りっぱなしの家族の部屋着。これをハンガーにかけて、クローゼットにしまって……、というのでは、いかにも面倒そうですが、ソファの近くに箱を置いて、「そこに放り込むだけ」というシンプルなルールだったら？　これなら続きそうな気がしませんか？

家の中を見渡して、あそこが散らかっている、という場所があったら、そこはものがよく出入りする場所ということ。その場所こそ、**一刻も早く、簡単な方法で収納の仕組みをつくってあげましょう。一度仕組みをつくれば整えるのはラク。**心地よい空間をずっと保つことができます。

毎日使う服は出しやすい位置に

両手でカーテンを開けると、私の「衣」スペースが出現。まとまっているから取りやすい。

朝起きて服を選ぶとき、洗濯した服をしまうとき……、服の収納場所へは、一日に複数回、出入りをします。だから服の収納は、家の中を行ったり来たりしないですむような動線上に、着替えたり、畳んだりする場所の近くに設けるのがおすすめです。

わが家の夫婦の服の収納場所は、リビングからアクセスしやすい押し入れの左寄り上段。空間すべてを自由に使いこなすために、ふすまは外し、無印良品のカーテンをオーダー（P.126）で取り付けました。自分の「衣」コーナーは視界の範囲にすべてあるので、「あ、この服の存在を忘れてた！」ということもありません。また、オンシーズンの服は、ここに収まるだけ持つようにすることで、手持ちの服を把握することができ、コーディネートしやすくなります。

数本パンツがかけられる、イケアの「洋服＆ズボンハンガーBRALLIS」。すべて同じ側からかけると落ちない。

部屋着にこそ住所を

部屋着はくるくる巻いて自立収納。外側の収納ケース：*ポリプロピレン収納・ケース・引出式・深、内側のボックス：*硬質パルプ・ファイルボックス（ともに無印良品）

じつは結構かさばり、散らかる原因にもなりやすい部屋着。「かなり着倒したから、もう外には着ていけない。これは部屋着にしよう」なんていう服が増えると、部屋着はたまる一方です。

わが家の部屋着は、以前、上の写真の引き出しひとつに私と夫、ふたり分を収納していたのですが、それだと引き出しが窮屈になりがち。夏と冬で部屋着の衣替えをしないと引き出しに収まりませんでした。そこで数年前、ひとり1引き出し制に替え、引き出しを2つにしたら、一年分がすべて収納でき、衣替え不要に。新しいものを購入したら古いものは処分して、数を増やさないように。かさばるもの、増えやすいものにこそ、量に見合った専用の住所をつくりましょう。そのほうがストレスがありません。

その日着た部屋着入れは、ひとり1ボックス。脱いだらここに放り込むだけなので、ラクチン。

着回しやすい「重宝服」をベースに

左奥から時計回りに：生成リネン襟なしシャツ（ネストローブ）、ブルーシャツ（ヤエカ）、襟付き白シャツ（nook:STORE）、紺のカーディガンのニット（コムデギャルソン）、デニムパンツ（ヤエカ）、ニットチュニック（evam eva）、ボーダーTシャツ（パーマネントエイジ）、白クロップドパンツ（マーガレットハウエル）、*白ワイドパンツ（CHICU＋CHICU5/30）

毎晩献立を考えるのと同じように、服も毎日選ぶことの連続。だから理想は、朝、服を選ぶときに、迷わず決まるワードローブです。そのためには着回しやすい服をベースに、「ほかのどの服と合わせても相性がいい」ものをメインにしておくこと。そうすればたくさんの服を持つ必要がなく、管理の手間も省けます。

私の着回しやすい重宝服といえば、紺色のアイテム。ほかの服と調和しやすく、コーディネートしやすい信頼のカラーです。ボトムスなら白がおすすめ。上にどんな服を持ってきても合わせやすいし、トーンが重くなりがちな冬でもアカ抜け感が出ます。

服はそのひとらしさを表現するツール、といいますが、着ていて安心できる着心地のよい服は、生活道具でもあるなあと思います。

ワンポイントになる暖色系の小物やインナーも取り入れて、コーディネートがマンネリにならないように。

衣替えは処分のチャンス

奥は来シーズンまで押し入れの天袋で保管する服。重ねてある服はウエスにして処分。紙袋の服は、来シーズン到来よりひと足早めにリサイクルショップに持っていく。

私にとって、衣替えは1枚1枚の服と向き合う時間。社員全員とじっくり面談するつもりで、すべての服をチェックします。衣替えは例年、夏前と冬前の年2回行ないますが、10月の衣替えを例にとると、まず、夏にしか着ない服を1カ所に集め、服を1枚ずつ手に取って、夏にどのくらいの頻度で着たかを思い出します。全然着ていなかった場合、1年目は保留にすることもありますが、2年目も着ていないようなら処分。「来年も着たい?」と自分に聞いて、「YES」ならクリアケース行きです。処分方法は、コンディションがよければリサイクルショップ、そうでなければウエスにします。

リサイクルショップ行き待機中のもの。持ち込むタイミングを忘れないよう、ふせんにメモして貼っておく。

衣替えは、夜よりも自然光が差し込む日中に。見落としがちな汚れやほころびもよく見え、細部までチェックできます。

家族が散らかすものの住所をつくる

強力突っ張り棒に径の大きいS字フックを掛ければ、夫の荷物置きが完成。

私よりもズボラな本多家・夫が散らかしがちなもの、それは上着とバッグ。以前はほぼ手ぶらで通勤していた夫ですが、最近、自転車通勤するようになったり、リュックを背負って、お弁当も持って出かけるようになったりと、生活が少し変化し、それに応じて、身の周りの持ちものも変わってきたのです。そんなときは収納も見直しどき。

上着もバッグも大きく場所を取るものなので、これを置きっぱなしにしないでもらうためには、上着のため、バッグのための独立した定位置が必要です。その2つは、どちらも家の奥まで持ち込まなくていいものなので、わが家では、玄関に強力突っ張り棒を設置し、フックとハンガーを掛けて、夫の上着とリュックの定位置を確保。これで室内にリュックが放置されなくなりました。

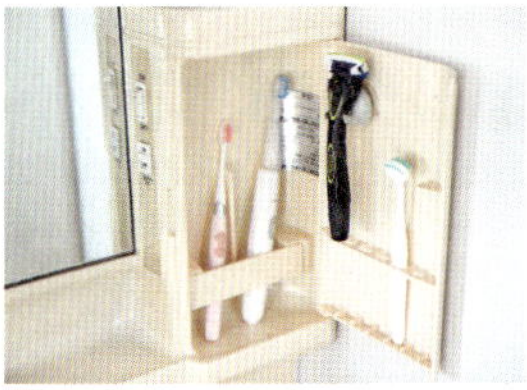

夫が朝使うひげそりは、歯みがきと連続で使えて戻しやすいように、洗面所の扉裏に。出しっぱなしを防止。

万能な作業台＝テーブルはつねにすっきりと

仕事で書類やパソコンを広げていても、夕方にはテーブルを何もない状態にリセット。洗濯ものを畳む場所としても、調理中の作業台の一部としても、フル活用。

わが家にある広い台といえば、このテーブルのみ。ここは何をするにも便利なので、幾通りにも使い回しができるよう、「つねにすっきり」を基本ルールにしています。食事の場として、打ち合わせのテーブルとして、書類を広げて仕事をするときや洗濯ものを畳むときにも、いつもこのテーブル＝作業台が、家事作業のベースです。

このテーブルをさらに万能たらしめているのが、「棚付きである」ということ。テーブルの下に控えめに存在する棚には、ここで何かをするときに必要と想定されるもの……ハンドクリームや爪切りやコースターなどが収納されているので、ものを取りに行かなくても、スムーズに作業が続行できるのです。

棚付きのこのテーブルは北欧家具店「haluta kanda」にて購入しました。

この状態を習慣にすれば、上の3シーンにすぐ移行可。汚れたらテーブル下のウェットティッシュで拭いて。

紙ゴミの処理法あれこれ

きっちりくくるワザは、バイト時代に培ったスキル！　＊麻ひも（無印良品）

放っておくとどんどんたまる紙ゴミは、真っ先に行き先を決めておきたいものの代表格。紙ゴミの行き先を決めておけば、毎回迷わず、流れ作業で片付けが完了します。

新聞は一般的なものだとすべてに目を通す時間が取れないと思い、朝刊しかなくて、サイズも小さめのものを取っています。前日のおもなニュースがコンパクトにまとまっていて、雑誌感覚で無理なく読めるので気に入っています。また、シュレッダーは、個人情報に関わる書類や仕事の資料など、そのまま捨てるには抵抗があるものが増えてきたので導入。DMの処理もおかげでラクになりました。私が住む地域の紙ゴミの収集日は月2回。タイミングを逃さないように、朝起きたら紙ゴミを玄関先に出しておくことも忘れないようにしています。

紙袋は玄関の靴箱に収納(P.23)。これ以上増えた分は、生ゴミ入れとして活用(P.43)。

新聞紙の収納

読み終わった新聞は、毎晩指定のボックスへ(P.49)。「SANKEI EXPRESS」は薄くてかさばらず、ちょうどよいボリューム。

オールカラーで読みやすい

わが家の購読紙。チラシが付かないのもいい。

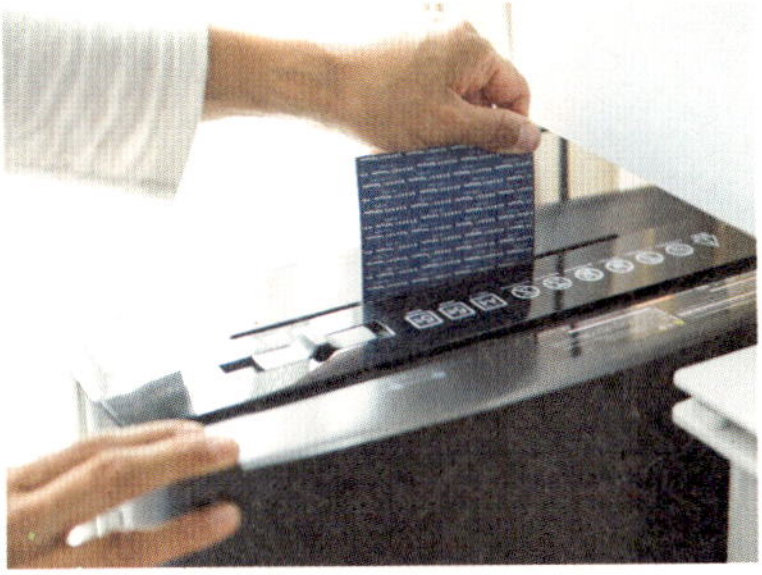

シュレッダーを導入

*アイリスオーヤマのシュレッダー(P.49)は、紙を入れたら自動で電源が入るモードがあり、便利です。個人情報が残らない安心感あり。

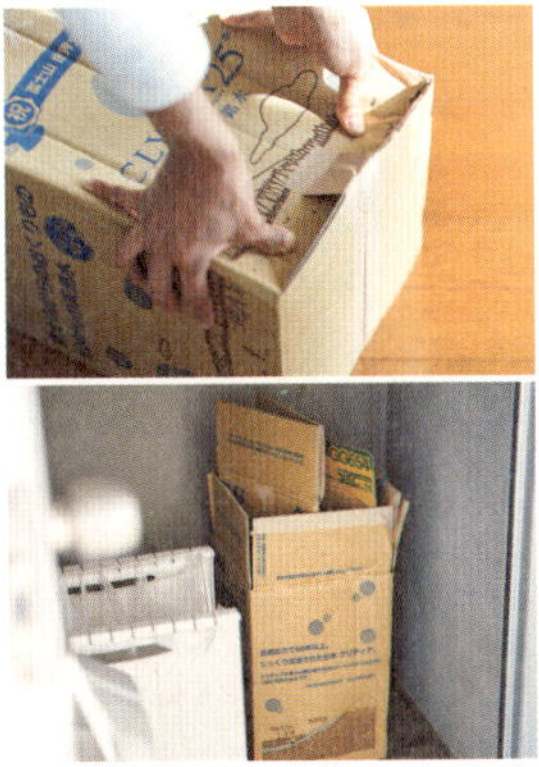

段ボールは箱にまとめて

段ボールは、上の写真のように側面を親指で押すとガムテープがはがしやすい。たくさんあるときは1箱を残し、収納箱として利用。

雑誌はひもでくくって

古紙はひもでくくるのが、わが自治体のルール。写真のように麻ひもできっちりくくっておけば、集積所まで持っていくのもラクチン。

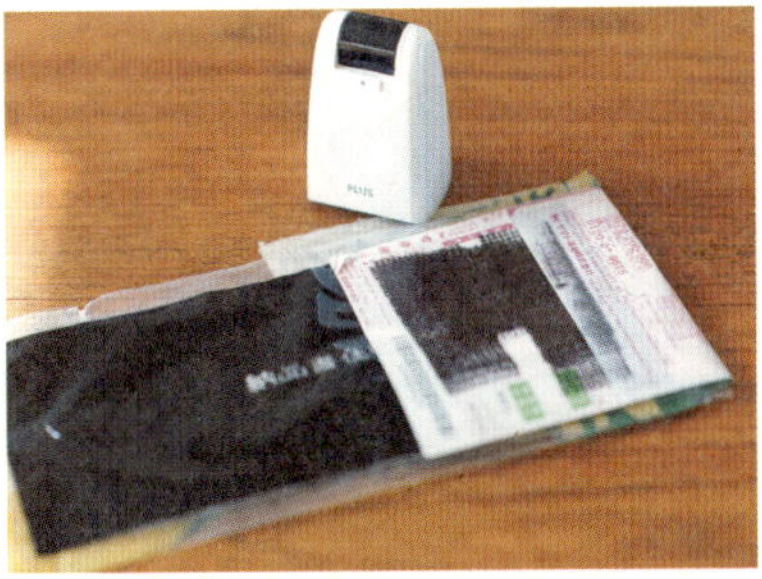

ビニールには「ケシポン」

シュレッダーに入れられないビニール素材の封筒などは、PLUSの「ローラーケシポン 26mm幅」で個人情報を目隠し。

分類しにくいものはざっくりまとめて

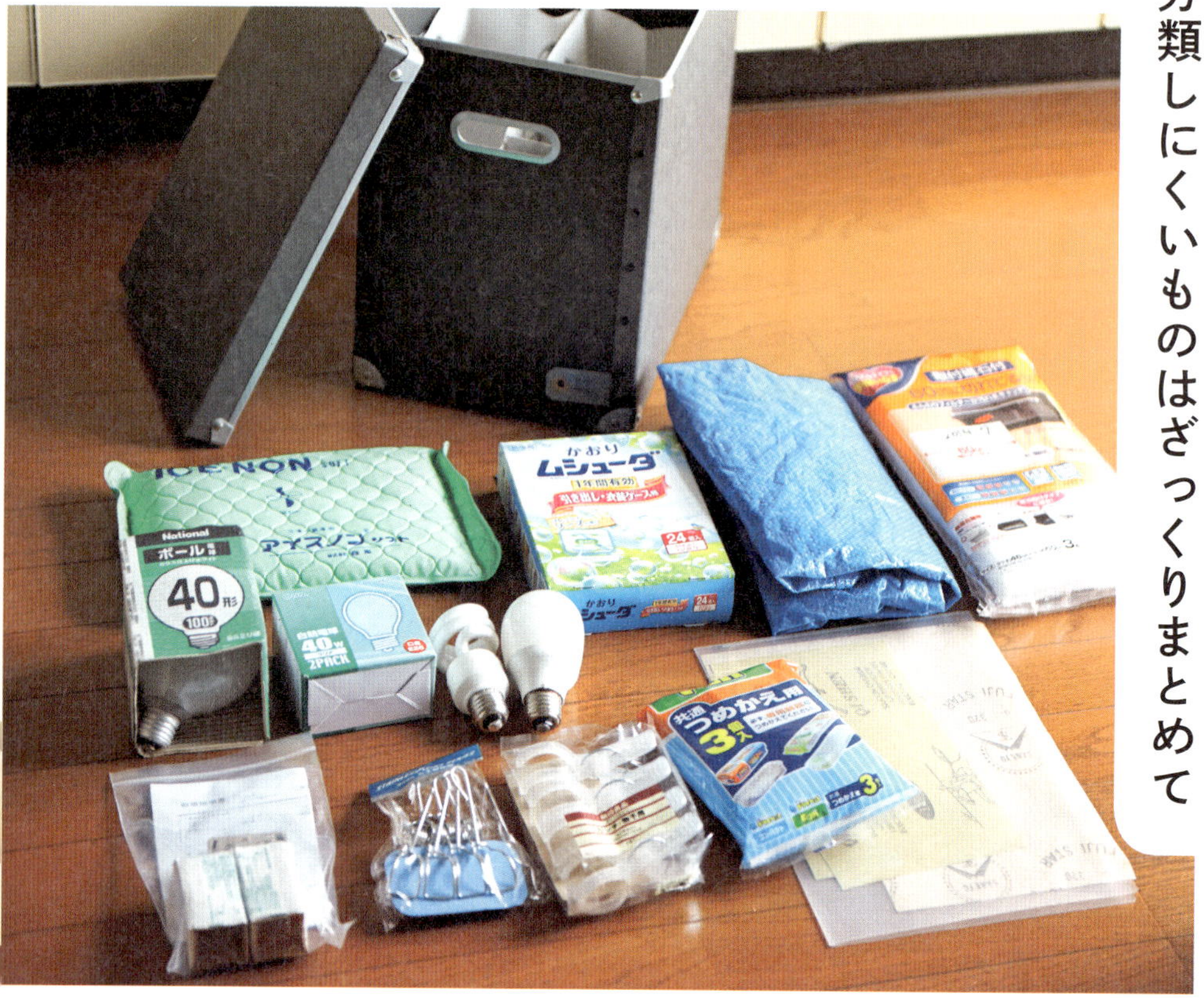

写真奥の収納ボックス：*硬質パルプボックス・フタ式（無印良品）

家の中のものを使いやすく収納していくと、夫のサングラス、シーズンオフのシーツ、水着、電球など、「これはどこに分類するの？」と思わずフリーズしてしまうようなものに出くわします。「そんなときは、とりあえずその辺に押し込んで、あとは忘れちゃう」なんてつわものの声も！

　分類に迷ってしまうようなものは、ソロ単位で定位置を決めていくよりも、「分類しにくいもの」というグループをつくって寄せ集めたほうが、収納場所は考えやすく、使いたいときにさっと探せます。これは、整理収納サービスの仕事をする中で気付いたことです。左ページのグッズも、家で住所不定になりがちなものですが、とにかく、ざっくりでもいいのでカテゴライズしてみる。そうすればものは自然に導かれていきます。

「火を使うキャンプ用品」と「消耗品のストック」に分けて。キッチンのオープンラックの一番上に収納。

仕事のストック品

すぐ補充したいプリンターのインクや名刺など、仕事で必要なストックは、イケアの「カトラリートレイ FÖRHÖJA」に。

パーティーグッズ

クリスマスパーティーや友人の集まりなど、特別な日にしか使わないデコレーショングッズやゲームは、まとめて押し入れの天袋に。

夫のファッション小物

ほんのたまに出番がくる、というような夫のファッション小物は、キッチンで使わなくなった仕切り付きの引き出しに。好評でした。

シーズンオフの布もの

シーツや枕カバーは夏と冬で衣替え。圧縮袋で小さくして、*LOHACOの「アスクル ダンボール収納ボックス」にまとめて。

スポーツ用品

ランニング用ウェア、アウトドア用小物、水着は押し入れ下段に。*無印良品の「ナイロンたためる仕分けケース」で仕分けて。

思い出の紙もの

思い出の冊子や寄せ書き、昔つくった旅のしおりなど、残しておきたい夫婦それぞれの思い出の紙ものは、ここにしまって天袋へ。

暮らしがはかどる情報整理

何事も俯瞰で把握したいから、手帳はマンスリー見開きタイプ。いつも持ち歩くから、ぶ厚すぎないほうがいい。使ううちにだんだん表紙が傷んでくるからカバーは必須。そんな条件に合うものを、4冊目の手帳にしてやっと見つけました（手帳の情報はP.64）。

生活をしていると、要・不要、意識・無意識に関係なく、情報がどんどん入ってきます。家事には、家計簿をつけるためのレシート整理、送られてきた大事な書類の保管、役所への提出物の記入や投函などもあり、それらは結構な量の事務仕事。ですが、入ってきた情報を整理しておかないと、「あれはどこに行ったっけ？」、「間違えて捨てちゃったかも？」などと、日がな一日、探しものに明け暮れることになりかねません。

「重要と書いてあるから」、「取っておかないと不安だから」、「いつか必要になるかもしれないから」などの理由でむやみやたらに情報をため込むのは、本当にほしい情報を探すときの妨げになり、管理の手間や収納スペースがムダに増えるだけではないでしょうか？

目指す情報整理は、自分で取捨選択して残した必要な情報だけを、あとからいつでも引き出せる状態にすること。そもそも情報とは、ほしいときにすぐ参照できなければ、管理する意味がないからです。身の回りの情報をあらかじめ整理し、情報へのアクセス方法を整備しておけば、自分の暮らしが俯瞰でき、日々の家事もはかどるはずです。

出先で使う情報は手帳にひとまとめ

*A5月間ブロックマンスリー フューゲン(ハイタイド)、*こすって消せるニードルボールペン〈左〉、*組み合わせが選べる2色ボールペン・軸(シャープペン付)、*組み合わせが選べる3色ボールペン・リフィル・ニードルタイプ〈右〉、*ステンレスペンホルダー 2本用(ともに無印良品)

私にとっての手帳は、スケジュール管理兼メモ帳。「この情報はインプットしておきたい」と思ったときに、手帳以外のノートがあると、どっちに書こう？ と瞬発力が鈍ってしまいそうなので、日常使いのノートは手帳1冊、と決めています。

手帳を選ぶときの条件は、①1カ月が見開きになっているマンスリータイプ＋ノート付き。②薄くて持ち運びやすいもの。③カバーが付いているもの。この条件にぴったり該当する手帳がなかなかなくて、毎年あれこれ迷いますが、今年の手帳はかなりのヒット。カバーがポケットになっているので、ここには切手を貼ったポストカードを入れておき、時間が空いたときに手紙やお礼状を書くようにしています。出先で使う情報がここに集約されているから、安心です。

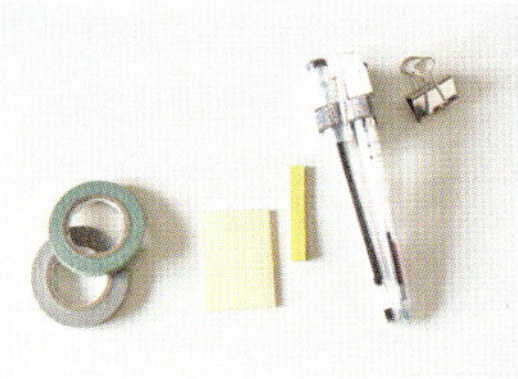

はがしやすいマステも手帳で活用。ふせんは手帳に貼っておく。ダブルクリップはペンホルダーの補強用。

オンとオフを色分け

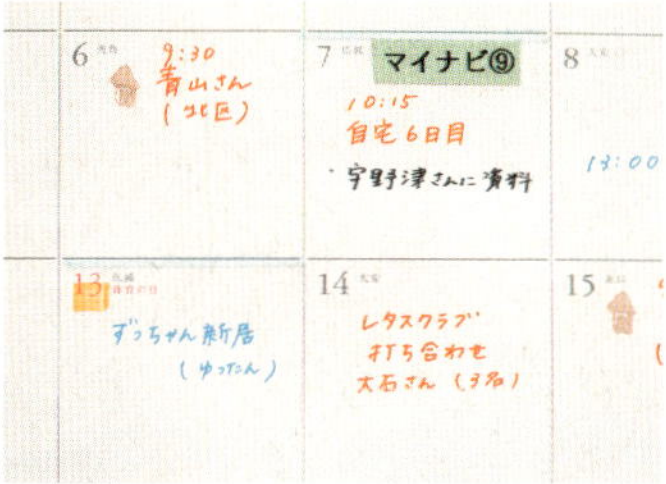

仕事はオレンジ、水色はプライベートと予定を色分け。ちなみに黒はTO DOなどのメモ。

空いている期間にマステ

空いている日や数日にわたる予定を把握しやすいよう、マスキングテープで目印を。

スクラップ＆ふせんで覚書

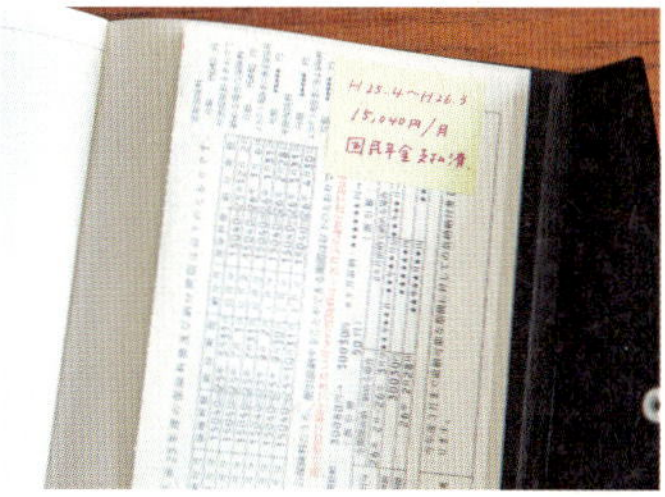

保険や税金などの支払い済メモとして、通知書や領収書を貼り、支払日のふせんメモを。

忘れやすいIDを一覧に

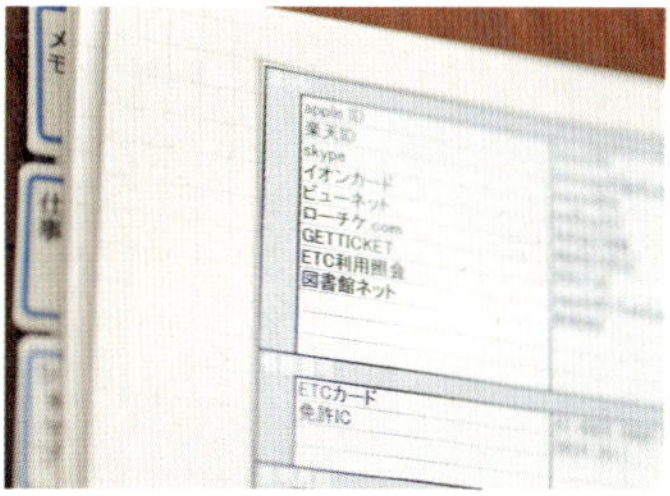

ネットのログインIDやカード番号など、長く必要な情報は、毎年新しい手帳に貼り替え。

「1ふせん1仕事」で俯瞰

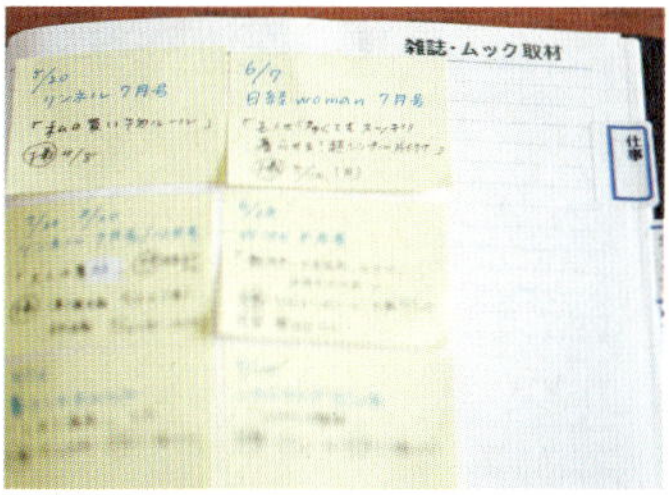

仕事の情報を、「1ふせん1案件」ずつ書いておくと、仕事の全体像が把握できる。

ふせんメモでネタをストック

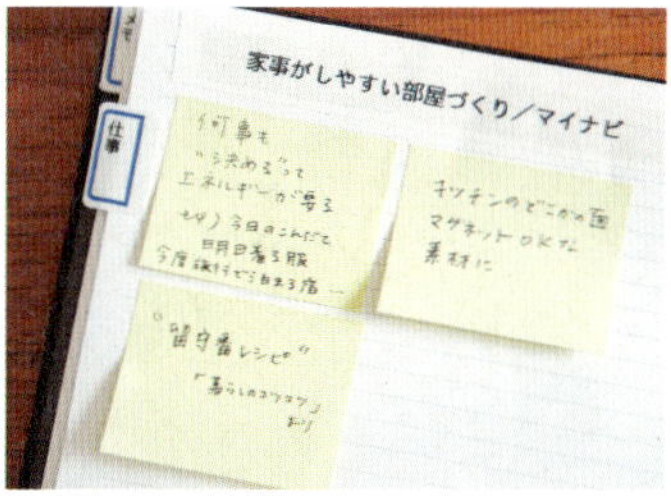

仕事のアイデアが浮かんだら、すかさずふせんにメモ。ネタとしてストックしておく。

行きたい店＆宿リスト

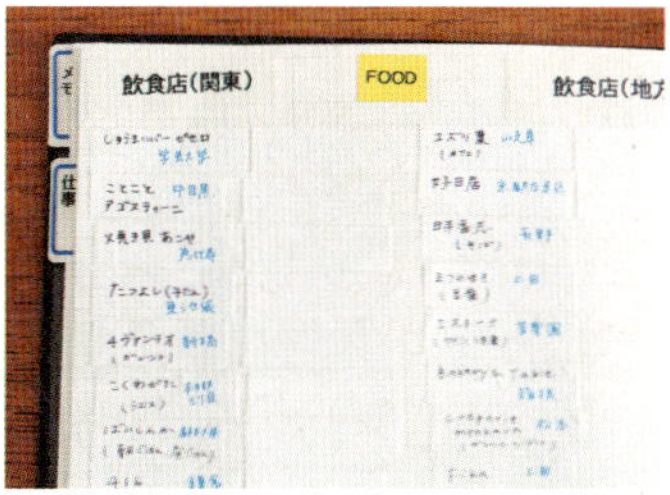

行きたい店、泊まってみたい宿の名前と場所をふせんに書き出して。詳細はネット検索！

年間スケジュールに誕生日

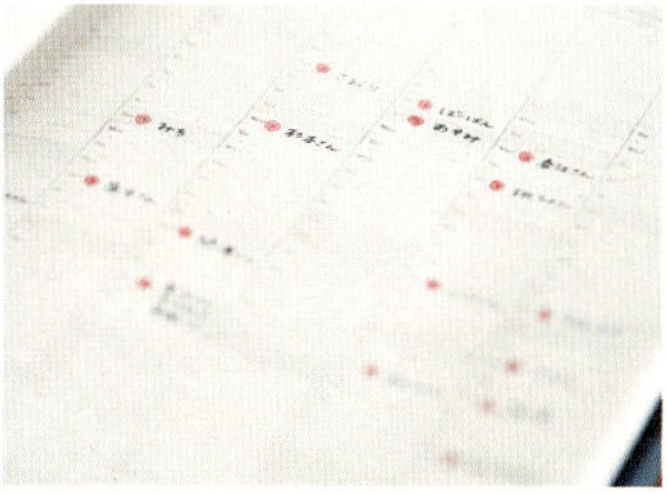

あまり使わないこのページは、家族や友人の誕生日をメモ。月の始めにチェック。

紙ものの分類と保管

一時保管ボックス：*硬質パルプボックス・フタ式・浅型(無印良品)

毎日何かしら投函されるし、放置してもさほど困らないし……紙ものがじわじわと増える原因は、じつにたくさんあります。効果的な対処法は、「見たらすぐ要・不要を判断」ですが、即処理するのは難しいもの。

そこで私は、「家にたまるすべての紙ものを住所不定にしない」ことを優先し、一時保管ボックスを用意。これで堂々と、紙ものの整理を後回しにできます。ボックス整理のタイミングは、気分がのらないとき、むしゃくしゃしたとき。箱がすっきり片付くと、想像以上のデトックス感で、見えないモヤモヤが晴れていく心地です。保管する紙ものの行き先は、左ページのように決めておき、それ以外は潔く処分。〝ほしい情報だけをコラージュして手元に残す〟感覚で取り組むと、判断に迷いがなくなります。

いらない紙ものは、玄関先ですぐに処分し、それ以外はリビングにある一時保管ボックスに入れて待機。

一年以上保管するもの→蛇腹式ファイルへ

長期保管の書類はここにまとめて。インデックスで分類できるので、「生命保険の加入日は？」などほしい情報にすぐたどりつける。

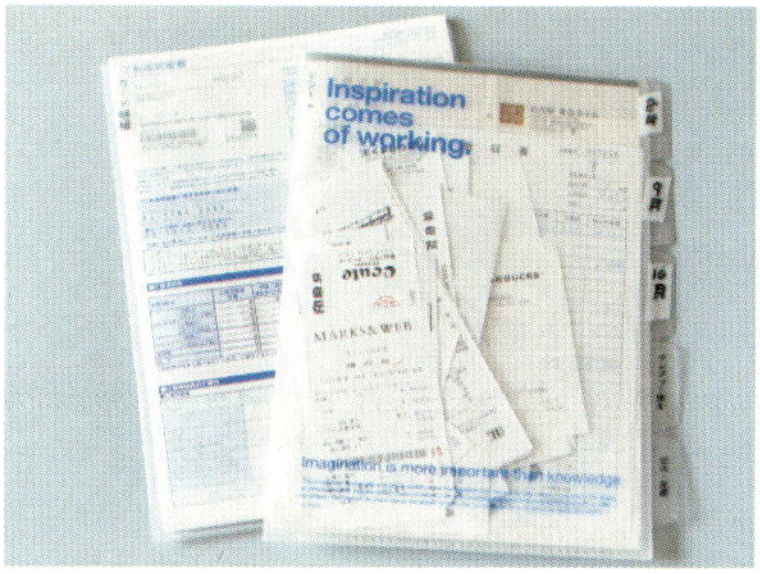

領収書やレシート→クリアファイルへ

確定申告用としてクリアファイルにインデックスを付け、ポケットに入れていくだけ。レシートは３カ月ごとにノートに貼って。

手紙や映画のチケット→ノートへ

もらった手紙や一筆箋、たまにいただく現像写真などは自由にノートに貼り付けて。自分のライフログのようになり、見返すと楽しい。

ちょっとした情報→ふせんや写メ

紙の情報の一部だけをインプットしておきたいときは、ふせんにメモか写メ。ふせんは手帳に貼り「情報そのもの」を活かします。

掲載誌→切り抜いてファイリング

お仕事させていただいた雑誌のページは、見出しやテーマがわかるように折って、ホチキスで留めておくと、あとから探しやすい。

フリーペーパーやカタログ→トイレへ

忙しいとなかなか読めない、フリーペーパーやカタログ。トイレに置いておくと、自然に手に取り、目を通すきっかけが生まれます。

ワードローブノートをつける

ノート：*ポリプロピレンカバーダブルリングノート・ポケット付・A5サイズ・白90枚・ドット方眼（無印良品）

ワードローブノートをつけ始めて、もうすぐ1年が経ちます。きっかけは、仕事で「この服、いつ買いました?」と聞かれたことから。でも、その服をいつ買ったか、全然覚えていなくて、モヤモヤ感が残りました。そこで、新しく服や小物を買ったら、タグかレシートをはがせるのりでノートに貼っていくことにしました。服を処分するときが来たら、タグも同じタイミングで処分します。

　ノートを見返すと、この1年で自分がどんな服を買ったか、お金をどれくらい使ったかが可視化されます。「パンツはもうしばらく買わなくていい」とか「明るい色のニットを1枚買ってもいいかも」と、買いもののヒントにも。このノートが服一枚一枚と向き合うきっかけにもなっています。

服を買ったら、手持ちの服と合わせたコーディネートを3パターンほどスマホで撮影。洋服選びのヒントに。

段取りよく旅に出る

普段ノートを使う機会があまりないので、旅ノートを選ぶときに「ノートほしい欲求」を満たしています。

日常から一歩離れ、ワクワク感を味わえる旅に出るのが、何よりの楽しみです。ですから、旅行前は入念に準備をし、「せっかく来たのに定休日……ガーン」とならないように、ぬかりなく段取りをします。

私がいつも旅に持っていくのは「旅ノート」。手帳に貼っておいた「行きたい店」、「泊まりたい宿」のふせんをヒントに集めた情報をこのノートにまとめれば、オリジナルガイドブックの完成です。また、スマホで地図を見るだけだと、画面が小さくてエリア全体を把握しづらいので、行きたい場所をすべてマークした「マイマップ」を広域で印刷して、ノートに貼り付けます。

旅先では「この店の○○が絶品」、「○○が楽しかった」などのコメントもメモ。こうしておくと、その地を再訪する際の参考になります。

雑誌に気になる宿がのっていたら、その部分をカットしてホチキスで留め、クリアファイルに保管します。

限りある時間を有効に使いこなすために

運転する日は、外出前にスマホで道路状況をチェック。仕事帰り、渋滞に巻き込まれそうなときは、高速を降りて最寄りのスーパーで買いものをしたり、駐車場付きのスタバに入って仕事の続きをしたり……時間をムダなく使い、渋滞が解消したら運転再開です。

私は夫と2人暮らしですので、主婦といっても忙しさはまだ序の口なのだと思います。子育て中のお母さんの話を聞くと、仕事に家事に育児、PTAなど子ども関係のボランティア、習い事の送迎、さらには親御さんの介護をしていらっしゃる方もいて、毎日、目が回りそうな忙しさです。それでも**一日は、みんな等しく24時間。限りある一日をどう使うかは、そのひと次第。**そう考えると、私は**「今、これに時間を使っている」という意識を持って意味のある時間を過ごしたい**と思うのです。

とはいえ、こんなふうに切実に思うようになったのも、今までたくさんの失敗や後悔をしてきたから。「大事なものを買い忘れて、もう一度同じスーパーへ」、「ネットを見続けていたら、あっという間に3時間!」、「急ぎの仕事があるのに、現実逃避のように家事に熱中」などなど、思い出せばどれも力なく笑うしかないという出来事ばかりです。

家でのんびりするのは大好き。でも、それは「そうしよう」と自分で意識的に決めていればの話。**限りあるものだからこそ、時間は能動的に、できれば少しでも生産的に使いたい**と、自戒を込めつつ思います。

事務仕事は喫茶店を利用する

資料作成などの作業は、家より喫茶店のほうが集中できて、生産性も高まります。

今日はフリーの時間がたっぷりあるぞ！という日は、バッグにPC、レシートの整理ファイル、本1冊、手帳、マイボトルを入れて喫茶店に入ります。喫茶店でよく利用するのはWi-Fi環境が整っていて、駐車場付きの店舗もある「スターバックス」。そこでする作業は、レシートの整理や資料の作成、メールの返信など。齋藤孝さんの著書、『15分あれば喫茶店に入りなさい。』(幻冬舎)でも、「喫茶店に一歩足を踏み入れた途端に意識が変わり、仕事モードにスイッチが入る」とあって、その通りだなあと思いました。適度にひとの気配があり、だらけることを防止してくれるのもよい点です。外出先で30分前後の空き時間と喫茶店があれば、私は積極的に中に入ります。喫茶店こそ、私の第2の仕事場です。

することが思いつかない日こそ、写真上の事務仕事の道具一式をサブバッグに詰めこんで、喫茶店へ。

「先手必勝」が効率をよくする

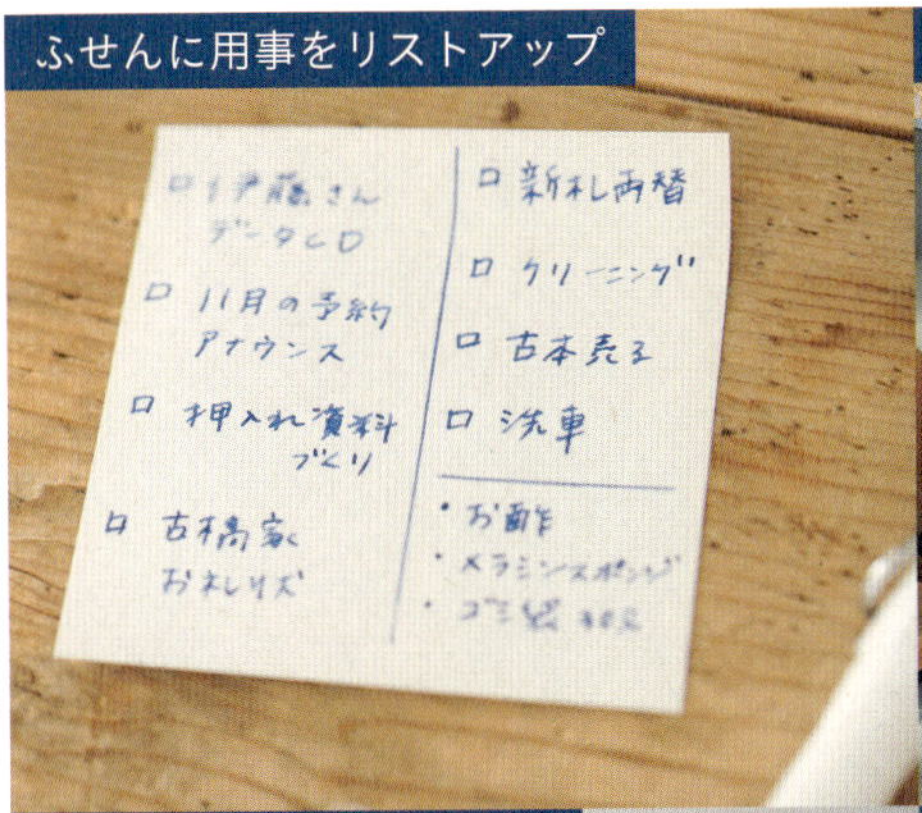

ふせんに用事をリストアップ

バッグの中身は前日に準備

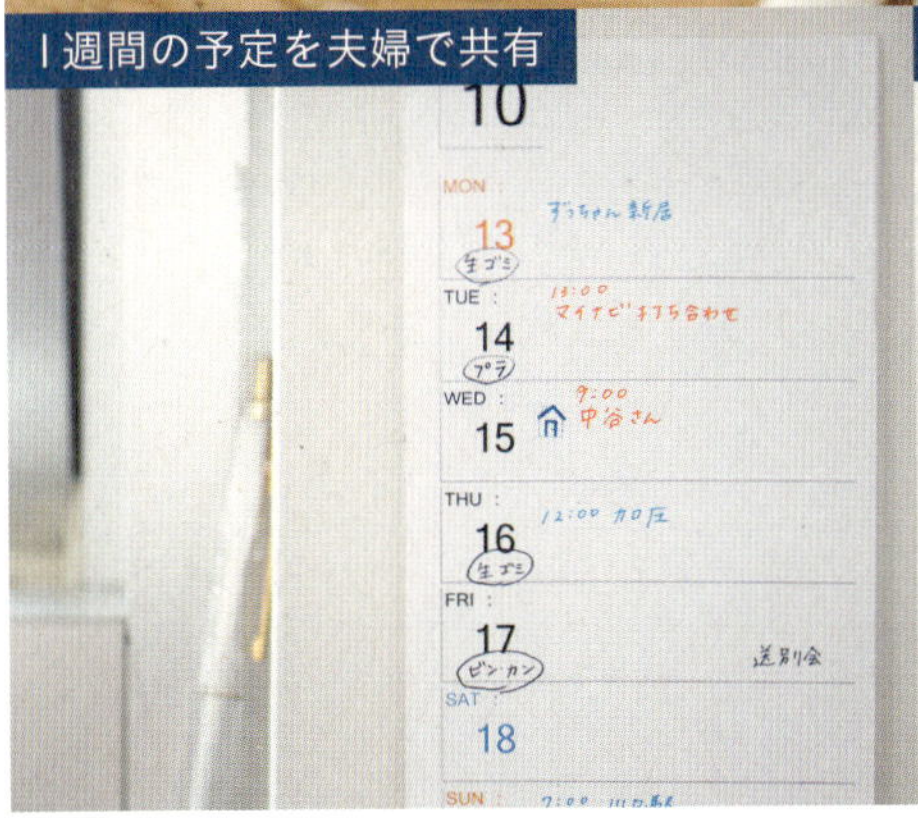

1週間の予定を夫婦で共有

手みやげは玄関先に

私の仕事場は、整理収納サービスに伺うお客さまの家がメイン。各お宅に持っていくものは、お客さまによって違います。当然、バッグの中身や、車に積み込むものの内容も違うので、当日の朝にあわてないですむように、前日のうちに翌日の支度をすませておきます。バッグの中身は毎日見直し、釣り銭用のポーチも確認。また、お世話になっている方を訪問する際の手みやげなどは、玄関のドアノブにかけておき、「忘れちゃった！」を防止。その日にクリアしたいことや買うものは、ふせんに書き出しておきます。また、トイレには「今週の予定」を書いた紙をあらかじめ貼っておき、お互いのスケジュールとゴミの日を共有しています。

何事も「先手必勝」。少しの手間が「あとラク」と効率アップにつながります。

用事をリストアップしたふせんは、必ず見る財布やスマホ、車のダッシュボードに貼っておくのが習慣。

インターネットショップを活用する

近所で手に入りにくいもの、重くて運ぶのが億劫なものは、もっぱらネットで。

「今晩のおかずは何にしよう?」、「あと少しでラップがなくなりそう」……生活していれば日々の買いものはエンドレスで続く業務。そして、「店で買い物する時間」、「家との往復」、「家での仕分け」など、買いものに関わる時間を1カ月、1年単位で合計したら、きっとそれは莫大な時間に！

そんなわけで、主婦になってからというもの、忙しいとき、時間が惜しいときは、積極的にネットショップを活用しています。上手なネットショッピングのコツは、必要なものを一度紙に書き出し、できるだけ多くのものが揃う1店舗を選び、まとめ買いして送料を抑えること。ネットの活用で浮いた時間は、ほっとひと息のお茶タイムや仕事など、より生産的な部分にあてます。心にゆとりが生まれるのもうれしい効果です。

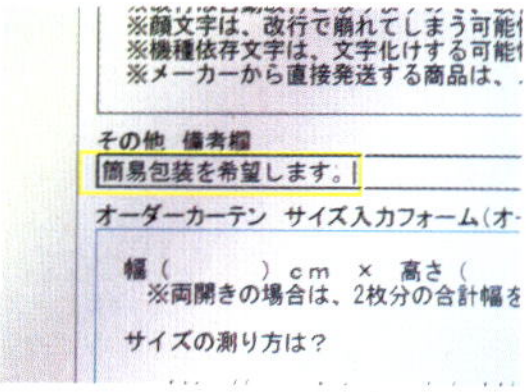

ネット注文の際は備考欄に「簡易包装を希望します」と書くと、最小限の梱包で送ってくれるショップも。

手みやげは定番を決めておく

1 ＊アロマティックウォッシュ・ボディー洗浄料（AYURA）

2 ＊フラノーラ・オリジナル和風ごぼうミックス（GANORI）

3 ＊ハンドメイドボタニカルソープ、＊モイスチャーハーバルマスク、＊ハーバルバスソルト（MARKS&WEB）

4 右）＊田ノ嚢 ビターチョコ・抹茶チョコ（田ノ歩）、左）＊山のつと 栗つづら（信州里の菓工房）

「これはきっと本多さんがお好きかな、と思って……」。うれしいひと言とともに、旅先のおみやげをいただいたときは、なんてスマートなのだろう、と感動しました。私も、相手に負担を感じさせないほどに、その方にぴったりのものを渡せる「贈りもの美人」になりたい！　と思います。

　とはいえ、買いに行く時間が取れなかったり、取り寄せに時間がかかることもあるので、時間に余裕があるときに、定番の手みやげを用意するようにしています。「Aさんは和菓子が好き」といった情報を手帳にメモしたり、「これよさそう」と思ったら、画像をスクリーンショットでスマホにストックしておくのもおすすめです。

TPOや相手に合わせて選べるように、定番がいくつかあると、あわてずにすみます。

ギフトにはポストカードや手紙をつけて。さっと出せるように、ポケットファイルにまとめておくと◎。

column #1

朝の習慣・夜の習慣

「やるぞ！」と少し意気込んで始めたことも、そうすることが心地よくムリがないと、その行為は自然に続けられる「習慣」になります。これから紹介する「朝の習慣・夜の習慣」は、ラクだからずっと続いている私の習慣です。

朝起きたらまず、昨晩準備しておいたストウブの鍋(中には米2合と水)を火にかけます。トイレに入ったら、アロマウォーマーにミントオイルを数滴。そしてFMラジオ「J-WAVE」をつけると別所哲也さんの声が……。ラジオを聴くのは、その日の天気やニュースなど、情報収集のためでもありますが、同じ時間に同じ人の声が聞こえてくると安心で、一日のリズムが整います。そのあとは、郵便受けから新聞を取ってテーブルの上に置き(夫のため)、お弁当をつくって水筒に水とお茶パックをセットしたら(これまた夫のため)、ひと通り「朝の習慣」は終了。夜は、テーブルの上を何もない状態にして、ストウブの鍋に米2合と水をセット。電気を消したら寝室へ行き、アロマディフューザーに水とアロマオイル(香りは気分で)を入れて電源ON。寝る前には夫婦でお互いの足を持って腹筋を30回します。仕上げには、布団に寝て足を上げ、腰を曲げて足を頭の上まで持っていく自称「えびストレッチ」を。これで「夜の習慣」も終了。残すは大好きな安眠タイムです。

第二章

家事がしやすい「お宅訪問」

第二章では、毎日の家事を上手に繰り回している5軒のお宅を訪問。暮らし方は違えど、そのひとなりの理由や工夫で家事と向き合っている家には、すがすがしい「気」が流れていました。

段取りの工夫が詰まった家

5人暮らし〈夫(会社員)、妻(フリーライター)、長男(小5)、次男(小2)、妻の母〉
二世帯住宅の持ち家一戸建て(1階は妻の母、2階は清水家の住まい)
3LDK(82.79㎡・2階部分のみ)、築8年

東西南北に開口部があり、気持ちのよい風が吹き抜ける清水家のリビング。写真左の長机は子どもたちの学習スペース。朝、パジャマを脱ぎっぱなしにする子どもたち対策として、動線(テレビの下)にパジャマを放り込めるかごを設置。シンク上の台所道具を吊るす柵は、使い古しのエアコンの柵を白く塗ってDIY。開放的で、家族がお互いの気配を感じられるリビングです。

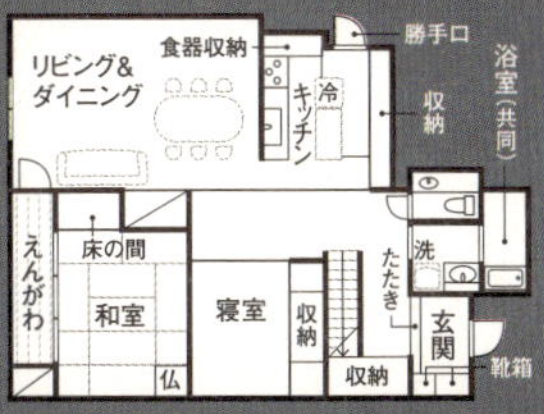

1F(母の住まい)

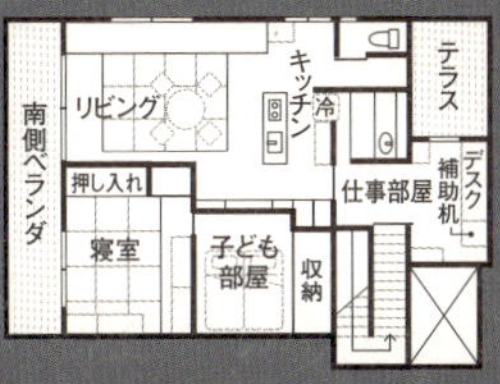

2F(清水家の住まい)

ベランダから洗濯ものハンガーを取り込んだら、仕事机の横に引っ掛けて。「気分転換ついでに洗濯ものを畳みます」

「ながら」家事で効率よく時短

郊外の高台に暮らすフリーライターの清水花さん。清水さんは、家事と育児をこなしながら、取材に執筆にと、忙しい毎日を送っています。

「やらなくちゃいけないことが多いので、意識していないと家事がおろそかになりがち。なので、家では手ぶらでは移動せず、掃除機をかけつつ2階に上がるとか、朝の見送りのときは、ハンディモップを持った左手を動かしながら、など、両手を駆使しています」

たしかに、家じゅうに滞りがなく、各所に清水さんの〝気〟をめぐらせていることがわかるお住まいです。

「いつも頭の半分は仕事、残りは育児と家事。暮らしを回すためには、段取り第一です」。清水家には家事のパフォーマンス向上のための工夫が満載。「机の横に洗濯もの掛け」、「乾燥機の脇に綿棒」など、〝ながら〟家事がしやすい仕掛けをたくさん見つけました。

水回りはこざっぱりするように

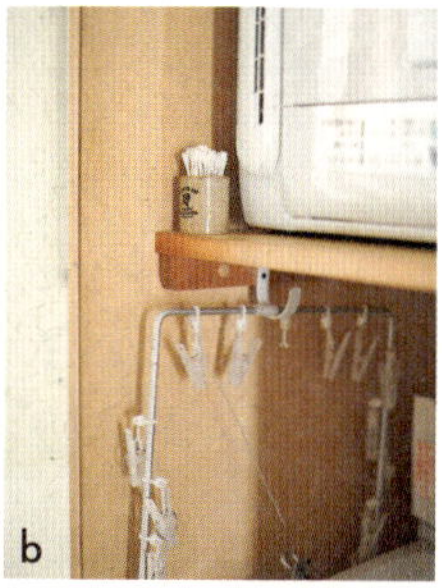

a 脱衣所には*無印良品の「重なるラタン長方形バスケット・大(上)、小(下)」がぴったり入る棚を造り付け、家族全員の下着を収納。b ほこりが立ちやすい乾燥機周りには綿棒をスタンバイ。こまめな掃除を。c 入浴剤代わりに重曹を入れるという清水さん。残り湯には洗面器やゴミ箱を浸け置きし、浴槽を洗うときにまとめて水洗い。d 排水口は毎朝必ずきれいに。

散らかりやすいものは居場所をつくって

a リモコン類は*3Mの「コマンド™ファスナー」で壁にペタッ。指定席をつくれば家族から行方を聞かれずにすむ。b 給食のマスク、クロス、ミニタオルは巾着に入れ、月～金までの分を週末にまとめて100円のワイヤーネットにスタンバイ。

キッチンは忙しくてもすぐに整う工夫を

板と両面テープで棚を手づくり

ホームセンターで端材を買い、両面テープでコの字にすれば収納力UPの即席棚が完成。

洗剤はシンク下に集結させて

汚れの強弱に合わせて洗剤は多用。すぐに選べるように、突っ張り棒に引っ掛けて。

使用頻度の高い文具を引き出しに

子どもの「お名前書き」は育児のメイン業務だそう。ネームシールや文具は台所の必需品。

食器類の乾燥は太陽の力を借りて

漆器やまな板以外はベランダに持って行き、自然乾燥。「太陽が家事を助けてくれます」

スポンジは斜め45度で水切れよく

食器用洗剤、重曹、クエン酸は白で統一。スポンジは斜め45度に置いて衛生的にキープ。

ゴミ箱はコンパクトなのがベスト

多くのゴミ箱を使った末、これに行きついたとか。「畳むとコンパクトになるのが◎です」

「一日くらいなくても困らないから」と、ラップや洗剤のストックは持たず、収納の中は５割主義。冷蔵庫の中身に関しても、必要に応じて鮮度のよい少量の買いものを心がけているそう。ものが少ないほど、掃除も整理整頓もラク。「食器は朝洗う派なので夜のシンクは散らかってもいいことにしています。夜洗うと、酔っぱらっているから危険（笑）」

楽しい暮らしが想像できる家

家で仕事をするのは気がラクな半面、家事と仕事の境目があいまいになって、両立が難しいと思います。そのあたりのバランスを清水さんはとても上手にとっていて、「家も仕事もどっちも大事」というワーキングマザーとしての強い意思と、「そのときどきで臨機応変に」という柔軟性を感じました。〝ながら〟家事は、限られた時間の中で一番効率よく家を整えるための、試行錯誤の結果なのでしょう。「食器は自然に乾くから拭かない」、「結局ぐちゃぐちゃになるから、子どもの衣類は畳まない」というのもいいですね。家族が楽しく、快適に過ごせれば、家じゅうが全部きっちりしてなくてもいいんだと思います。建てもの自体が素敵な清水家ですが、家というのは、住んでいるメンバーの個性や工夫がいろどりとなって現れるとき、その素敵さが際立つのだなあと思いました。

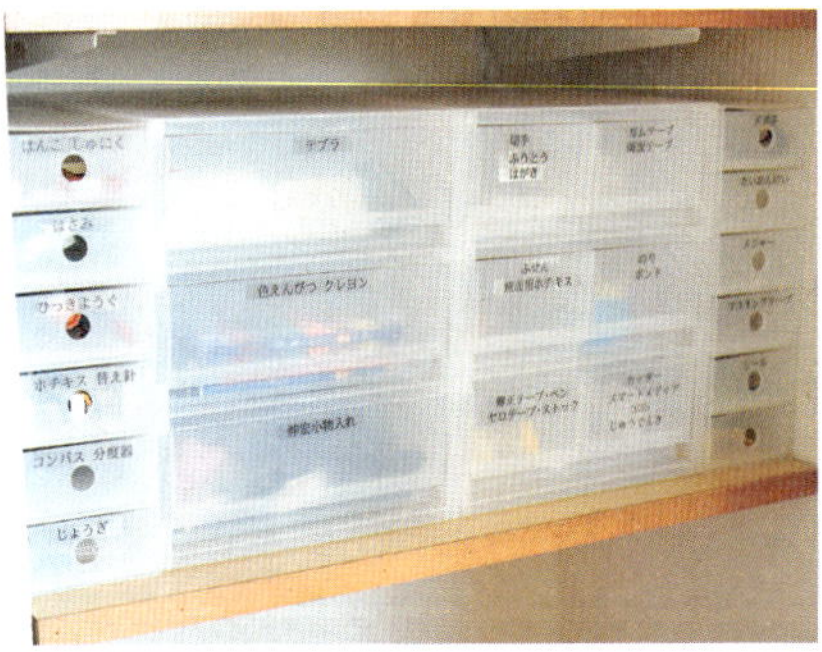

a 子どもの服は取り込んだら、兄弟別にかごに放り込むだけ。b リビングで使うものは細かく引き出し収納にまとめて。ラベル付きだから、一目でわかる。c 子どもが作品を持ち帰ったら、しまい込まずにすぐ壁に貼って。d 目に付く場所に「今月の目標」のふせんを貼り、自分にメッセージ。e「この隅っこ、いいなあ。図書館の子どもスペースみたい」

ある一日のスケジュール

家事にあてる時間…平日約2時間半
平日の家事…掃除機がけ、洗濯、炊事、水回り掃除
休日の家事…平日の家事＋ウォシュレットを外してトイレ掃除、床の水拭き（ときどき）、アイロンがけ（夫）

5:00　起床＆原稿書き

6:20　洗濯、風呂場と洗面所の排水口を掃除、NHK「テレビ体操」

6:40　昨晩分の食器洗い、子ども起床、布団を干す（夫）

6:50　夫の弁当と朝食準備

7:15　家族で朝食＆食器洗い

7:50　夫と子どもを見送り、洗濯もの干し、食器をベランダへ出す、ゴミ出し

9:00　原稿の続き、取材などで外出

16:00　買いものをすませて帰宅、食器と洗濯ものと布団を取り込む、子どもの習い事送迎

18:00　夕食準備、お風呂掃除、入浴

19:00　夕食、子どもの宿題をみる

20:00　夫を駅まで車で迎えに行く、夫とお酒を飲んで団欒《だんらん》

21:30　最後にトイレに入ったらトイレ掃除、家族全員就寝

【私にとっての家事】
「ちょこちょこ継続していればつらくない。サボるとその分きつくなる。筋トレのようなものでしょうか」

a 廊下のコーナーには、長男くんの趣味だという鉱物の棚が。部屋のさまざまな場所に「家族が今ハマっているもの」が散りばめられていて、暮らしを楽しんでいる様子が伝わってくる。b 週末は山に出かけるという清水一家。バックパック類はまとめて2階へ上った先に。アイロンがけはご主人の家事だそう。あえて特等席にアイロン台を。

家族が行動しやすい家

2人暮らし〈夫(会社員)、妻(専業主婦・整理収納アドバイザー資格取得に向けて勉強中)〉
賃貸マンション、1LDK(54.12㎡)、築1年

公園の緑が窓に広がるマンションの角部屋に暮らす山口さん。気持ちよく朝を迎えるため、テーブルにはものを放置しないように、心がけている。

床にはなるべくものを置かない

ベッドの向かいに取り付けた*無印良品の「壁に付けられる家具・棚・幅88cm」にはかごを２つ吊るし、夫婦の部屋着をそれぞれ収納。「かごを床置きすると、かがむのが億劫に。吊るせばその負担も解消します」と山口さん。

山口さんも私も無印良品好き。お気に入りの商品について、話が弾みます。

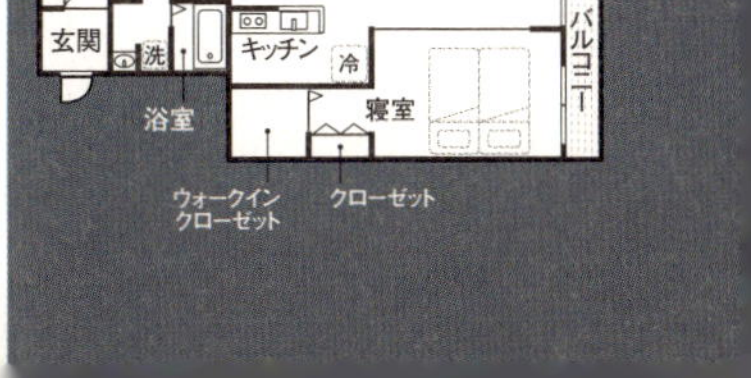

ご主人の行動に合わせたシステム

a 外のほこりをなるべく室内に入れないように、玄関脇にはご主人の通勤バッグを掛ける棚とフックを設置。**b** 靴を脱いだらすぐ、スーツも脱ぎ、小物を外せるように、廊下に掛ける場所を。ご主人は風呂場へ直行。**c**「駅に着いたよ」。ご主人からメールが来たら、山口さんはお風呂を沸かし、部屋着をかごに入れて脱衣所にスタンバイ。

a

b

c

快適を求め、家事を切り開く

アトピー症状をお持ちのご主人が、少しでも快適に暮らせるようにと、結婚後、二人三脚で脱ステロイド剤と体質改善を続けてきた山口有利子さん。「かゆみを我慢して帰宅する夫がかわいそうで、見ていられないときもありましたが、今はずいぶん症状が改善。私にできるのは、家をクリーンに保つことと、美味しくて体によい食事をつくること。そんなことを日々考えながら家事をしていたら、整理収納アドバイザーになりたい、と思うように。資格取得に向け、目下勉強中です」

ただ考えるだけでなく、なんでも即実践の山口さん。「ここに通勤バッグを掛けたら便利」、「持ち手付きのかごを部屋着の収納にすれば動作がラク」など、ひらめいたらまず試し、快適な暮らしをどんどん切り開いています。その原動力は、何といってもご主人への思いやり。私も見習いたいです。

掃除がしやすい工夫

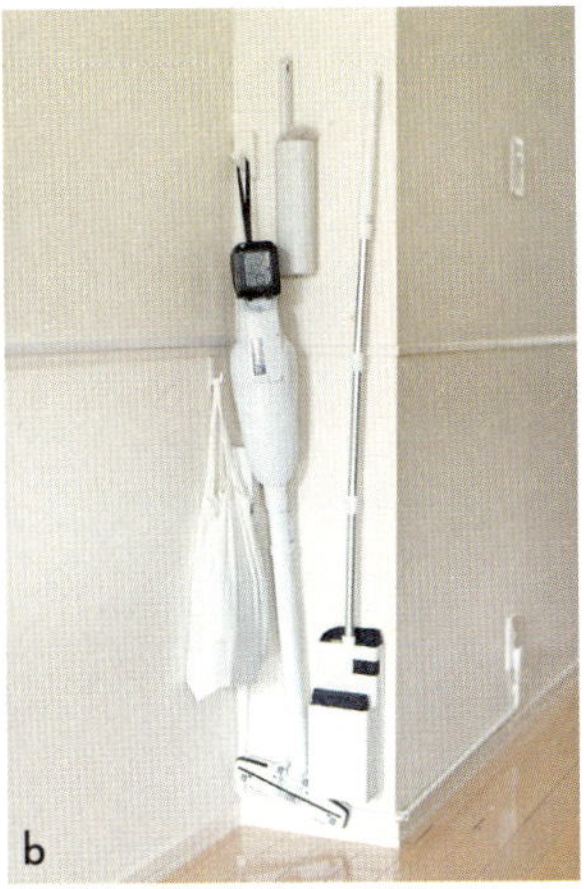

a 空気清浄機、シュレッダー、扇風機……床置きの大きな家電はすべてキャスター付きの台にのせ、可動式に。スムーズに動かせるので、掃除機や雑巾がけがラク。
b 手持ちの掃除用具は、さっと取れるようにリビングのコーナーにすべて吊るし「見える」収納。白ベースなので目障り感がない。c トイレ内はオープン収納。直置きせず、宙に浮かせた状態なので掃除がしやすく、清潔。

キッチンのものはオープンにして作業しやすく

a キッチン背面にはオープンラックを配置し、使用頻度の高いものを集合させて。ワンアクションで出し入れできるから便利。b 棚板の間隔を狭くした1段には、ラップやジップ袋など、似た高さで細長い形状のものをまとめて。ケースを揃えれば見た目もすっきり。

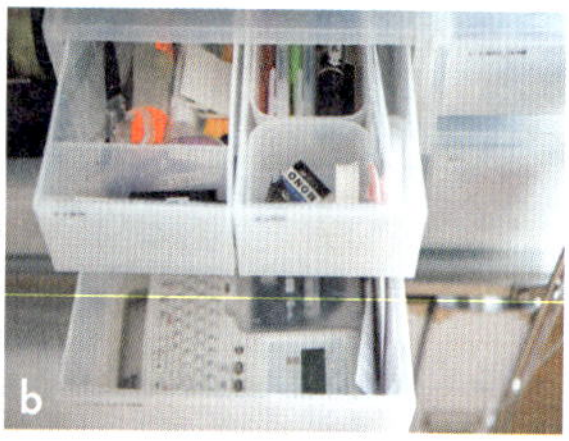

a リビングの一角に、キャスター付きシェルフを置いて事務スペースに。夫婦共用の文房具や衛生用品、書類をジャンルごとに収納。プリンターにはほこりよけのクロスを掛けて。**b** 筆記用具や消しゴムなどの細かいものは仕切り付き、テプラなど大きいものは仕切りなしの引き出しと、無印良品の収納用品を上手に組み合わせて。

小さな不便を見逃さない

「元々、大きな器はキッチンのオープンラックに重ねて収納していました」という山口さん。あるとき、食器立てを使ってみたら、格段に出し入れがラクに。さらに無印良品のラタンバスケットに食器立てごと入れてみたら、安定感も増してさらによくなったそう。

そんなエピソードからもわかるように、山口さんは、ちょっとした家事の不便も見逃さず、現状を改善しようとするひと。山口さんを見ていると、家事は、自分なりの工夫次第で、もっともっと楽しくなる可能性にあふれているものだなと思います。以前はご主人の身の周りのものが床やテーブルに置きっぱなしで、気になることもあったようですが、「夫を観察して、夫の動線に沿った収納に替えたら、散らからなくなりました」と山口さん。まさに、〝片付けが苦手なひとの視点に立った仕組みをつくると家は整う〟ですね。

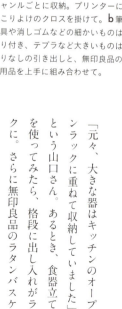

ある一日のスケジュール

家事にあてる時間…平日4時間
平日の家事…ほこり取り＆掃除機がけ、水拭きと乾拭き、トイレ＆お風呂掃除、洗濯、炊事
休日の家事…平日の家事＋汚れ具合により窓拭きor網戸拭きor換気扇掃除or玄関掃除

5:00　起床、太白ごま油でマッサージ

5:30　床の水拭きと乾拭き、お風呂を沸かす

6:00　半身浴、着替え、お風呂掃除

7:00　朝食準備、朝食、洗濯

7:30　夫の見送り、食器洗い、ほこり取り＆掃除機がけ

7:45　トイレ掃除

8:00　洗濯ものを干す、洗濯機のゴミ取りフィルターの掃除、ゴミ出し

9:00～　自由時間。資格取得の勉強を兼ねて、実家や親戚の家で片付けなど

17:00～　買いもの、洗濯もの取り込み、夕食準備、夫の帰宅に合わせて入浴準備

22:00　夫と夕食、食器洗い

25:00　入浴、就寝

【私にとっての家事】
「家族が健康に暮らすために必要なこと。整理収納の勉強を始めてから、前より家事が好きになりました」

a キャスター付きワゴンに、重いミシンやアイロン、裁縫道具をまとめて収納し、出し入れをスムーズに。**b** 元々低い位置にしかポールが付いていなかったというウォークインクローゼット。そこで、ワンピースも吊るせる高さに強力突っ張り棒を設置。**c** 迷子になりやすいベルトや小物類は壁周りに定位置をつくり、一目瞭然に。

ワードローブの動線がよい家

2人暮らし〈夫(会社員)、妻(会社員)〉
賃貸マンション、2LDK(47.3㎡)、築12年

服、メガネ、香水、バッグなど「身にまとうもの」を一カ所にまとめることで、身支度のスピードがアップします。

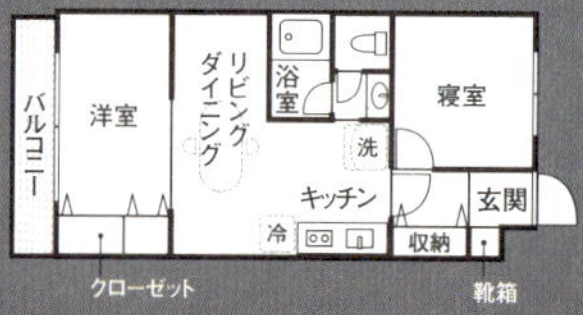

a 服は黒、白、グレー、ブルーが中心。トーンを合わせると服同士の相性も◎。おしゃれなひと＝少数精鋭のワードロープをうまく着回しているのがよくわかります。**b** アクセサリーは＊無印良品の「重なるアクリルケース２段引出」と「ベロア内箱仕切」を使って選びやすく。**c** 丈の長いワンピースは写真のようにハンガー２本を使うと収納しやすい。**d** いい香りのスプレーやポケットの中身入れの場所も服周りに。

朝の洋服選びで迷わない収納

ファッションに関心が高い照井知里《ちさと》さんにとっては、やはり洗濯、アイロン、服の管理などがモチベーションの高い家事。朝の忙しい時間帯でも、しわに気付いたらすぐにスチームをあてられるように、リビングの隅にアイロンがあるのが合理的です。アイロンがけ、それは私にとってかなり後回しの分野。服のしわを「ま、いっか」とせず、即対処するところが、真のおしゃれさんなのだなぁ、と感心します。服の大半は吊るす収納。丈の長短で収納エリアを分け、服が窮屈にしまわれないように気配りし、一カ所に服と小物を集結。これなら朝、さっとコーディネートが決まりますね。

〝扉を閉めればすっきり〟のクローゼット。取っ手にはよく使うバッグを掛けて。

「わが家スタイル」構築中

「結婚当時は、私が家事全般をこなせるのか不安でした」という照井さん。今でも、夜、仕事で疲れて帰ってきて、ご飯をつくって食べたらそこで力尽きてしまうこともしばしばとか。ですが、掃除機は気付いたらすぐに使えるように浴室の脇に吊るしたり、テーブルの上のこまごましたものは、かごにまとめてクロスで隠したり、照井さんらしい「わが家スタイル」を構築しているように感じました。訪問中にも、使ってよかった生活用品の話や美味しいレシピの話など、お得な情報をいろいろ教えてくださった照井さん。「家事、一緒に頑張りましょう!」とエールを送りたくなりました。

「掃除と片付けが苦手なんです……」。「いえいえ、片付いてますよ。大丈夫!」

整然と並べる。クロスで隠す

照井さんは結婚2年目。最初、お互いのCDと本が集まって、いっきに本棚がいっぱいになったけれど、同じCDや同じ本は売るなどして、着々と整理進行中。アルファベット順に並べるなど、CD収納はご主人の担当。

ある一日のスケジュール

家事にあてる時間…平日1時間
平日の家事…洗濯(週3～4回程度)、炊事、アイロンがけ
休日の家事…掃除、シーツやおしゃれ着の洗濯、靴みがき

8:00 起床
朝が弱く、家事はほとんど何もしない
朝食は夫婦各自が自己調達

8:30 炊飯器のタイマーセット、昼の自分のお弁当づくり、アイロンがけ

9:10 出社

13:00 会社の昼休みに夕食の買いもの
夕食の献立は、料理好きの同僚に「夜何つくる？」と聞いて決める

21:00 帰宅、洗濯、夕食準備

22:30 洗濯もの干し、入浴、前日の洗濯ものを畳む

23:30 夫帰宅、夕食、団欒

25:30 夕食の後片付け後、マンションのゴミ集積所にゴミを出し、就寝

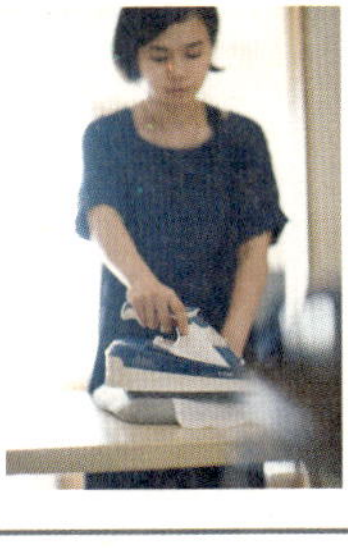

【私にとっての家事】
「頑張るもの。自力で完璧にこなすには限界があるとも感じますが、頑張っています。修業中、です！」

a ランドリー回りは、無印良品の「ステンレスシェルフ」とFound MUJIの「アルミボックス」3個を使って機能的に。中には下着や部屋着を収納。これから洗濯するもの、洗濯ずみのもの、どちらにもクロスをかけて、ごちゃつき感を防止。**b** ハンカチは1枚1枚アイロンをかけ、靴箱上のかごにスタンバイ。このひと手間で、気分よく出勤できそうです。

仕事柄、来客が多い足立家。食器がラクにしまえて雑然と見えないように、シンク前にはガラス扉付きの棚を設置。

料理がしやすいキッチンの家

3人暮らし〈夫(会社員)、妻(自然療法家)、長男(小6)〉
借家一戸建て、延床面積72㎡、築35年(リフォーム後9年)

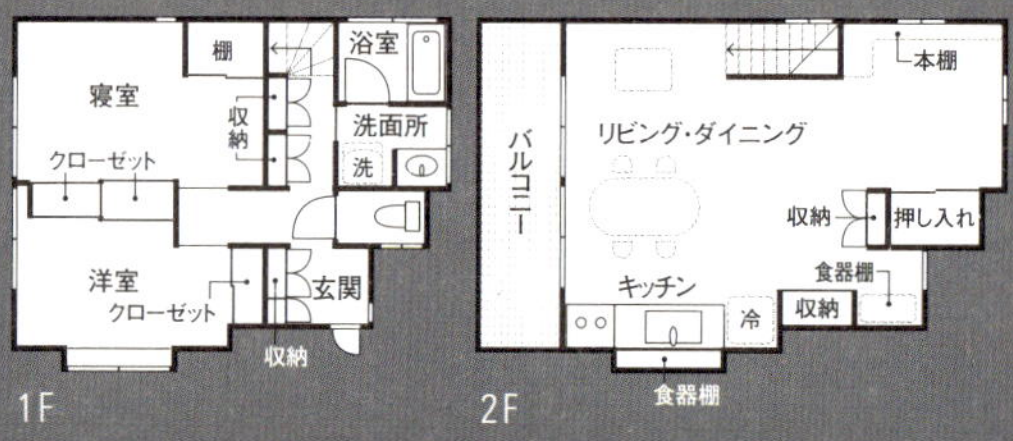

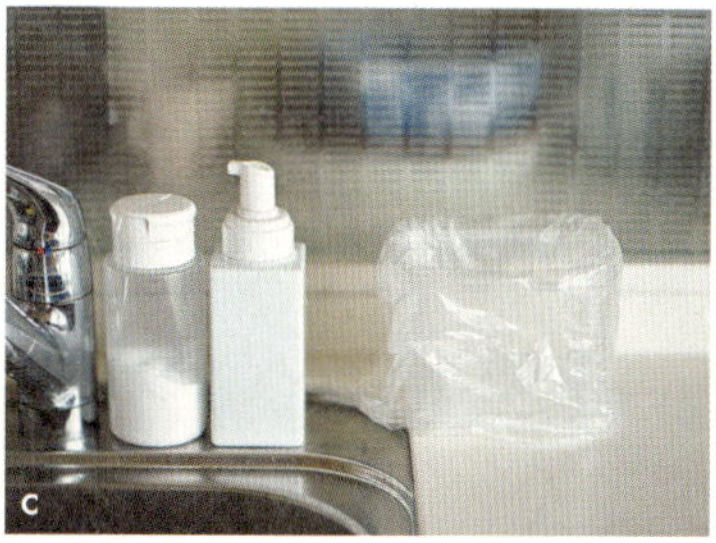

a 大豆、葛粉、干ししいたけ……乾物使いがお得意な足立さん。**b** すりこ木やスポンジなど、引き出しにしまいづらく、湿気が気になるもの、すぐ使いたい泡立て器などは、冷蔵庫脇に吊るして。**c** 野菜の皮などの生ゴミは、保存容器にビニール袋をかぶせた即席ゴミ箱にポイ。「水気が少ないほうが、ゴミのかさが減ります」。**d** コンロ脇にワイヤーネットを付け、スパイスラックを吊るして。「旬の食材はスパイスで変化をつけ、たくさんいただきます」。**e** トウモロコシや梅は一番美味しいときに大量に買って冷凍。**f** 資源ゴミは買いものかごに入れ、そのかごを持ってスーパーへ。ゴミはリサイクルボックスに。

キッチンは楽しい実験室

乾物やスパイスを料理に取り入れること、重曹やクエン酸を使い回すこと。これらは私にとって自分にはできないことで、「正解がわからない」と、今まで敬遠していました。ですが、足立百恵さんに話を伺って、イメージは一変。「乾物は水で戻せば、すぐに使える。水周り掃除は、重曹を振りかけて手でこするだけ。ラクチンよ」。そんな足立さんの言葉を聞き、私のハードルが下がった気がします。ホメオパシーの理論を基に、食事や健康についての相談に乗る足立さんのキッチンは、まるで実験室。なんでもつくれる。つくるのは楽しい。食材が今にも語り出しそうなキッチンです。

戸棚1段分は手づくり石けんの熟成スペース。戸を開けるたびにワクワクします。

楽しめば家事は趣味に近づく

足立さんの家は水回りがとても清潔。『聡明な女は料理がうまい』という本があるけれど、「聡明な女は水回りをきれいにする」というのもまた真実だなぁと思いました。ひとり息子のご長男は、寮がある遠方の小学校に入っているそうで、平日は仕事中心&夫婦2人の生活。週末になると、電車で息子さんが帰宅し、家族一緒に料理をつくったり、掃除をしたりと、にぎやかになるとか。旬の食材を使った保存食づくりや、石けんづくりなど、家族を上手に巻き込みながら、家事を楽しい趣味に近づけている足立さんの暮らし。私にとっても憧れの主婦像です。

どの場所も、清潔でナチュラルないい香り。深呼吸したくなる家っていいですね。

水回りは白で統一して こまめな掃除を

a ドラム式洗濯機の上には洗濯ものを干せるポールを取り付け、ハンガー類をスタンバイ。こうしておけば、洗濯後、すぐに干せる。b 洗濯、掃除で大活躍の重曹やクエン酸、セスキ炭酸ソーダなどは、小分けにして、使う場所の近くに。c 洗面下はオープンスペース。ハンディ掃除機を収納し、落ちた髪の毛を見つけたらすぐ吸えるように。

ある一日のスケジュール

家事にあてる時間…平日2時間半
平日の家事…掃除(居室、浴室、トイレ)、炊事、洗濯、アイロンがけと裁縫は必要に応じて
休日の家事…炊事、洗濯、窓拭きと庭仕事はたまに行なう

6:20　起床

6:25　朝食準備、朝食、身支度、夫出勤

7:30　掃除、洗濯ものの取り込み

8:30　メール対応やその日の仕事の下準備

10:00　来客。健康相談やお手当講座スタート

13:00　相談や講座の後片付け、昼食

14:00　仕事の続き(PC作業など)
この合間に買いものなどが入ることも

19:00　夕食準備、夫帰宅、夕食、片付け
(この流れは夫の帰りが遅いともっと遅くなる)

20:00　入浴、お風呂掃除

21:00　洗濯、洗濯もの干し

22:00　仕事の続き or 団欒

23:00～0:00　就寝

【私にとっての家事】
「日々の営み。保存食の下ごしらえや雑巾がけなど、もくもくと行なう単純作業は、ときに好ましい」

a

b

c

a ゴミ箱は小さなサイズで十分。ゴミ箱が小さい分、ゴミを出さないように食べきる工夫、買いすぎない工夫が自然にできるように。**b** トイレに置くのは、エタノールをしみ込ませたトイレシートのみ。倉敷意匠で買った容器に入れて。**c** 掃除・衛生用品のストックは1階廊下の収納にまとめて。ストックはまとめたほうが残量がわかって管理しやすい。

小さい部屋ですっきり暮らす家

3人暮らし〈夫（フリー映像ディレクター）、妻（会社員）、長女（2歳）〉
賃貸アパート、2K（40㎡）、築11年

必要なときにさっと取れるように、子ども用の椅子には、食事用のガーゼとスタイを入れた小さなかごをS字フックに掛けて。玄関先にはスリッパやハンカチなどをグルーピング収納したかごを配置。子どものおもちゃは、「このかごに収まるだけ」と決めて、リビングのソファの下を定位置に。大きい家具があっても、壁の余白があり、空間を上手に活かしているので、狭さを感じさせない。

浴室
収納
寝室
洗
靴箱
リビング
バルコニー
キッチン
玄関
冷
本棚

余白を活かしすっきり見せる

「職業柄かもしれませんが、本や雑誌でひとの家を見るのが大好き」と話す森谷容子さん。某通販会社のカタログ制作部で働く彼女の俯瞰力、スタイリング力は本当にすごい。部屋が小さくても窮屈さを感じず、心地よいのは、白い壁を大きく活かし、ものを床に置かない——つまり、余白をたっぷりとっているから。また、液体調味料はかごにまとめても、あえてキッチンのシンク下収納にしまわない、というのも目からウロコ。「調理の際はこのかごをダイニングから移動させて足元に置くと、選ぶ→使う→しまうの流れがスムーズ」と森谷さん。どれも理由があり、納得のいく工夫です。

しっかり自立するかごが、よく使う調味料の定位置。必要に応じて足元へ移動。

白い壁に対して、家具の高さは半分まで。ポスターなど、面積の広いものは貼らず、飾る子どもの写真も控えめに。木の食器棚の上に置くものは透けるガラス製。壁を隠さないと、部屋はこんなにすっきり。

キッチンは収納が少ないので、使用頻度の高いものしか持たないと決めて。吊るしたり、種類別に容器に立てたり、使い勝手よく。

ものを厳選して収める工夫

a シンク上の吊り戸棚もこれだけのスペースしかないので、食材ストックはここに収まるだけを常備。持ち手付きストッカーで取り出しやすい工夫を。「小さなボウルは数があると下ごしらえがまとめてでき、調理がはかどります」。
b 資源用のゴミ箱は持たず、カン、ビン、ペットボトルなどの資源ゴミはベランダに引っ掛けたイケアの袋へ。

森谷さんのすべての服は小さなクローゼットの左半分に収まるだけ。ご主人の仕事机はコンパクトなものをチョイス。「白」を多用し、空間を広く見せて。ティッシュの箱は画びょうで壁に留めれば、小さな机上の場所を取らない。

ものが少ないと家事はラクに

家族3人で収納スペースの少ないこの家に引っ越すにあたり、持つものをずいぶん減らしたという森谷さん。「今は仕事も家事も育児もこなさなければいけない忙しい時期。あえて住まいを小さくシンプルにしたことで、ものの管理はラクで効率的になり、家族の距離も近くなったと思っています」。その言葉通り、森谷さんの家はものが少なく、床置きも最小限。見るからに掃除と片付けがラクそうで、少しの労力で〝家じゅうが片付いている状態〟が完成します。洗濯機前の布と部屋のカーテンは、ふわりと軽い素材。この布が空間を軽く、柔らかく、心地よく見せているのだと思います。

白木が多いと部屋に柔らかさが出ますね。ゴミ箱を人形入れにしているのもいい。

ある一日のスケジュール

家事にあてる時間…平日3時間
平日の家事…炊事、洗濯、掃除機がけ、トイレ掃除
休日の家事…炊事、洗濯、お風呂掃除、床の水拭き、買いもの（1週間分）

6:30　起床、昨夜使った食器を棚にしまう、夕食用の米とぎ、ふきんとスポンジの煮沸、洗濯、子ども起床

7:00　朝食準備、弁当づくり（自分用）、夕食の下ごしらえ

7:30　朝食

8:00　洗濯もの干し、掃除機がけ

8:30　夫起床＆朝食、保育園の連絡帳記入、身仕度、後片付け

9:00　出勤、夫が娘を保育園へ送る

17:45　退社後、娘を保育園に迎えに行く

18:00　帰宅、洗濯ものを取り込む、夕食準備

18:45　夕食

20:00　入浴

20:45　子どもと遊ぶ（絵本の読み聞かせなど）

21:00　子ども就寝。食器、洗濯ものを片付ける

23:30　就寝

【私にとっての家事】
「心をリセットしてくれるもの。毎日の入浴と同様、サボると落ち着きません」

a 帰宅後は、玄関脇にすぐバッグが掛けられるよう、*無印良品の「壁に付けられる家具・長押・幅88cm」に、フックを取り付けてカスタマイズ。**b** 廊下にも、*「壁に付けられる家具・棚・幅44cm」（無印良品）を設置。棚上には宅配便用のハンコとペン、虫よけスプレーなどを置き、壁に沿う面にはさらにフックを取り付け、鍵と靴ベラを掛けて。**c** 洗濯機回りは白い布1枚で目隠し。この1枚で目障り感をなくす効果がこんなに大きいとは！　ドラム式洗濯機の上には棚タイプの突っ張り棒を付け、空間を有効利用。

訪問先で聞いた

おすすめ愛用アイテム

今回訪問したみなさんに、家事でお気に入りのアイテムや、おすすめグッズを聞きました。真似したいものがたくさん！

排水口ネット

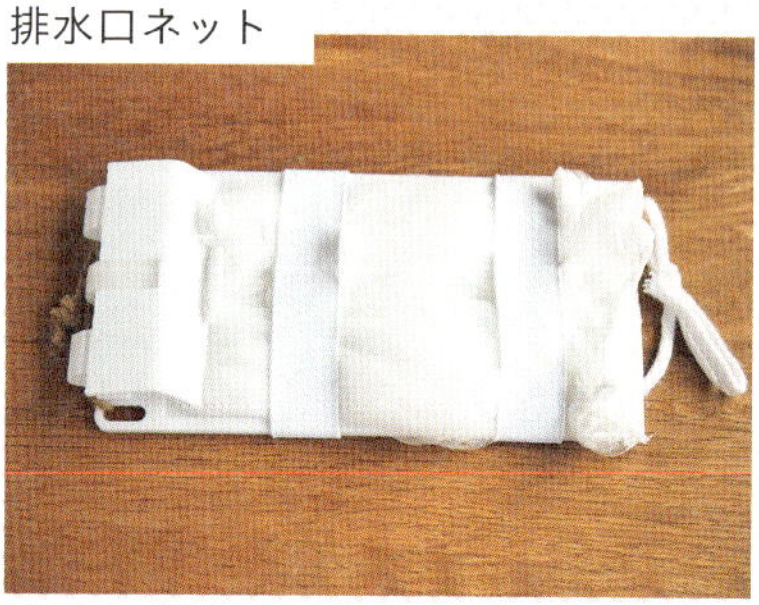

100均の伝票クリップに、ゴムとひもを付け、排水口ネットホルダーを手づくり(山口家)

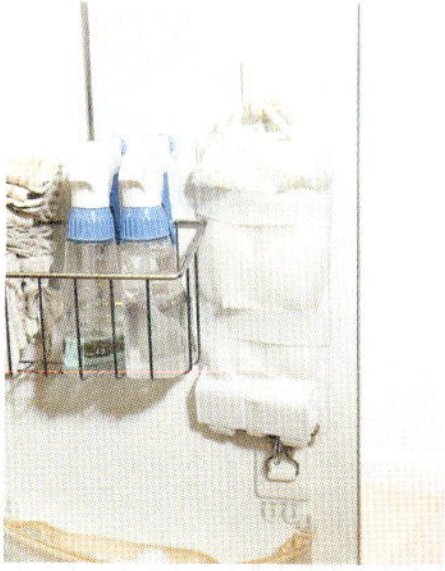

シンク下の扉裏に写真のように取り付けて。上から1枚引っぱるだけで、取るのがスムーズ

おむつ入れ

持ち手付きで移動にも便利。おむつの時期が終わったら、小物収納にする予定(森谷家)
*スクエアトリプル(アトリエペネロープ)

ランドリーセット

パッケージや香りに惹かれて選んだ洗濯グッズ。ホウロウのボウルにまとめて(照井家)

アルミハンガー

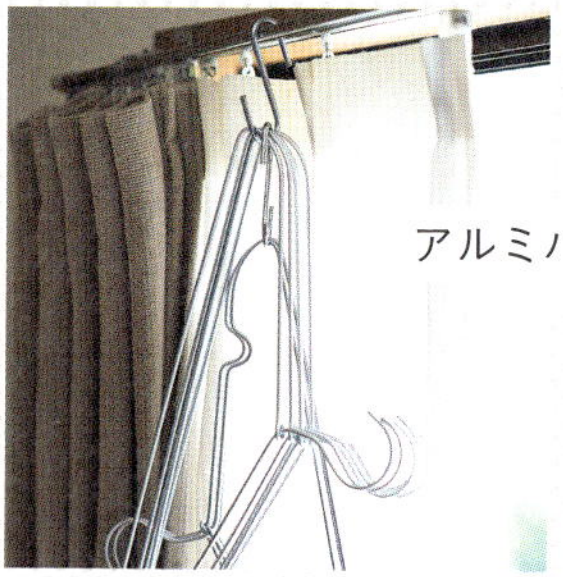

窓のカーテンレールにフックで吊るして。(照井家)
*アルミ洗濯用ハンガー・3本組 約幅41cm、*アルミ洗濯用ハンガー・肩ひもタイプ・3本組 約幅41cm(ともに無印良品)

ネストテーブル

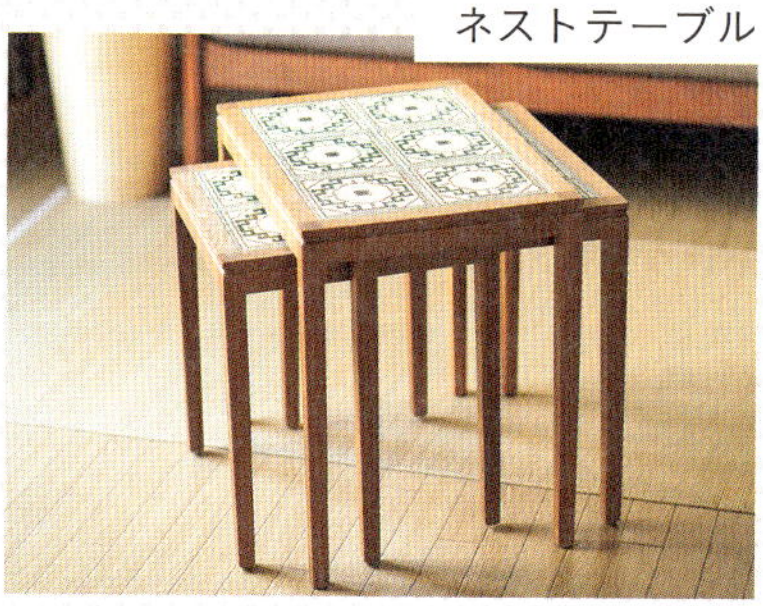

入れ子式で省スペース。作業台、PC置き場、来客時のテーブルとしても大活躍(森谷家)

おしぼり

アロマオイルを１滴垂らし、夏は冷やして、
冬は温めて。来客時の心配りです（足立家）

アイロン

スチームがものすごく出るので、しわがすぐ
に取れてぴしっと。手放せません（照井家）
＊フリームーブ9940（ティファール）

ホイルシート

１枚敷くだけで、油なしでも食材がくっつか
ず、後片付けがラクになります（山口家）
フライパン用ホイルシートワイド（クレハ）

スポンジ

泡立ちがよく、水切れもバツグン。欲をいえば
色が白かグレーなら……（清水家）＊パックスナ
チュロンキッチンスポンジ（太陽油脂）

カビ対策用品

これを導入してから、浴室にまったく黒カビ
が生えないそう。月１で使用（清水家）
ルック おふろの防カビくん煙剤（ライオン）

多用途洗剤

松の樹液から抽出した洗剤。食器洗い、洗濯、
掃除と、洗浄はこれ１本で十分（足立家）
＊松の力（エコ・ブランチ）

column #2

気になる！　消耗品の交換頻度

キッチンスポンジやふきん、浴室で使うタオル……これらの消耗品を、みなさんはどのくらいの頻度で、どういうタイミングで交換していますか？　消耗品の交換頻度について、前から気になっていたので、取材をしたみなさんに伺ってみると……。スポンジに関しては、「くたくたになったら交換。1カ月くらいかな」、「スポンジの漂白をするせいか、繊維が傷んで黒ずみやすいので、2週間で替えています」、「2カ月で交換と決めています」など、2週間～2カ月で替えているよう。ふきんは、「台ふきんは使いません。テーブルを拭くときは、アルコール除菌スプレーをキッチンペーパーに吹きかけて使い、ゴミ箱へポイ」、「台ふきんは半年、食器ふきんは2、3年くらいで買い替え。繊維がやせてきたら、掃除用雑巾にします」、「ふきんは業務用のダスターを使用。3日くらい使い、その後、掃除で使って捨てます」など、〝ふきん〟といっても使う素材はさまざま、交換頻度にも幅がありました。そしてタオル。「来客用→自宅用→使い回しウエス→使い捨てウエスの順に降格します」、「温泉旅館でもらうようなタオルは10回ほど使ったら雑巾や車の洗車用に。気に入って買うタオルは5年くらい使います」、「年末の大掃除のとき、傷んだものから使います」など、みなさん使い倒してから思い切りよく捨てているようでした。

第三章

家事のしやすい「家を建てる」

家事のしやすい家ってどんな家？ 第三章では、私が設計に携わった家を紹介するとともに、家づくりのプロである建築家の伊藤裕子さんに、家事動線のよい家について伺いました。

私が設計に関わった家

4人暮らし〈夫(公務員)、妻(専業主婦)、長男(小1)、次男(幼稚園年少)〉、持ち家一戸建て、延床面積122.55㎡、築1年

a 家族分の自転車が置ける広い玄関。木目調の玄関扉は金属製でマグネットが付けられるので、*無印良品の「アルミ フック マグネットタイプ」を使い、鍵やよく使う掃除用品を吊るして。b 玄関内の大きな収納にはキャンプ用品とアウトドアグッズを。ここに収納があると、車への積み込みと片付けが非常にスムーズ。c 靴を履いた状態で全身のコーディネートがチェックできるように、扉の1枚を鏡に変更。

収納は多すぎずオープンがいい

古橋家の奥さま、友紀江さんは私の夫のお姉さん、つまり義姉。2年前、義姉夫婦が家を建てることになったとき、私はおもに家事スペースの収納の相談を受けました。どんな収納かよいかを考えるために、まずは義姉に「今の家で一週間、自分の行動を観察してみて」とお願いをしました。普段の動作で不便があれば改善し、気に入っている点はそのまま引き継ごう、と思ったのです。その後、収納スペースの提案をしましたが、そこで気を付けたのは〝むやみに収納をつくらない〟こと。私は、すっきりがキープできる家＝ものの全体量を把握しやすい家だと思っているので、収納は必要最低限で十分。また、出し入れしやすく、もののありかをひと目で判断できる「オープン収納」を基本としました。

家族の着替え、洗濯ものの一時置きと畳む作業、PC作業など、浴室とリビングに近い「家事スペース」ですべて完了。

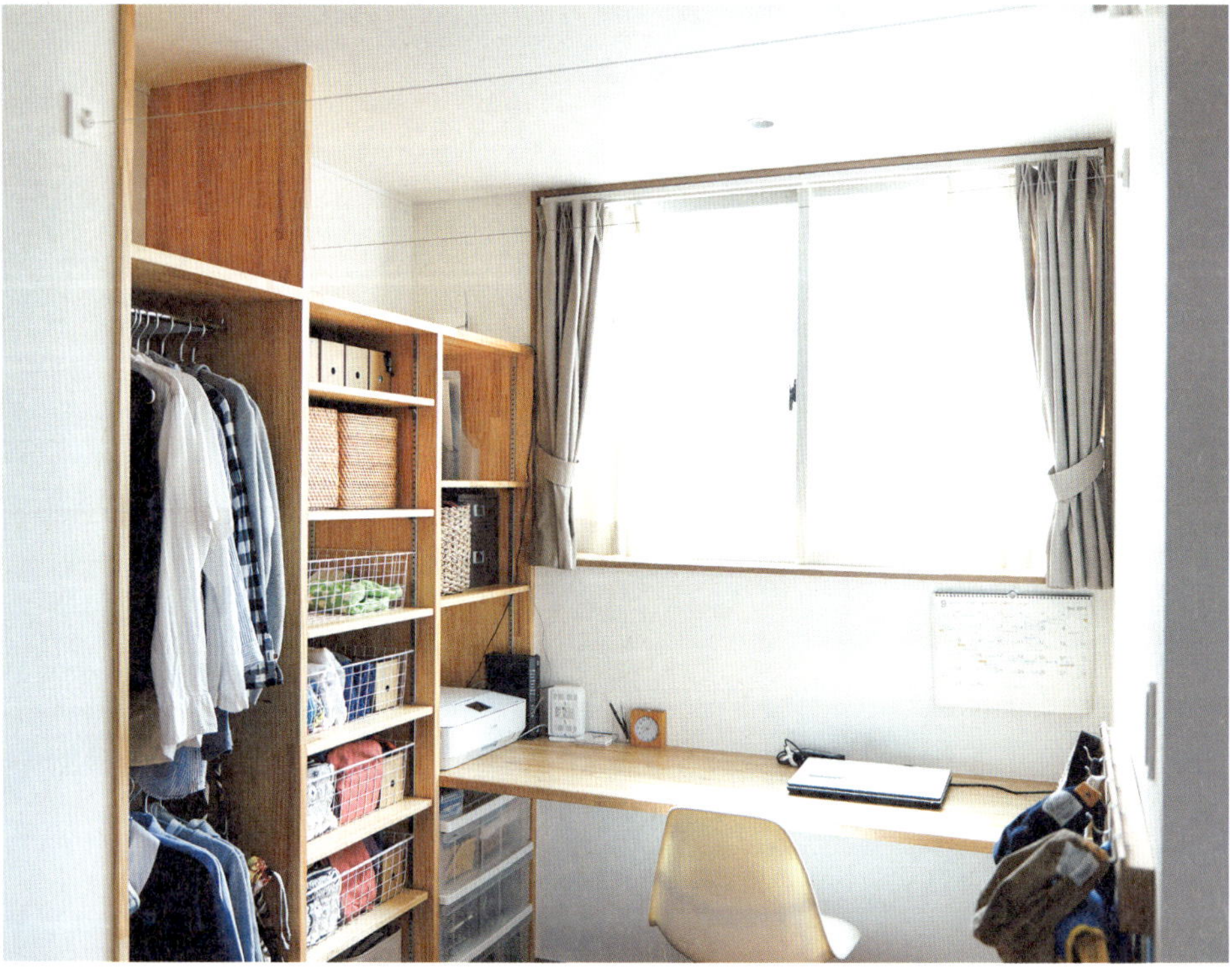

手が届く場所に
必要な収納と設備を

ハンガーを掛ける場所はマスト

家事室の上には、ホテルのバスルームのような巻き取り式のワイヤを設置。ベランダから取り込んだ洗濯ものは一時的にここに掛けて。

浴室からでも手が届きます

浴室から一番近い場所に、タオルと下着の収納をつくれば､床に水滴がポタポタ……､という心配いらず。脱いだ服はラバーのバケツに。

タオルバーは上下に

タオルバーは、大人用、子ども用と上下に2本設置。子どもが、タオルを自分で掛けたり、取ったりできるように。

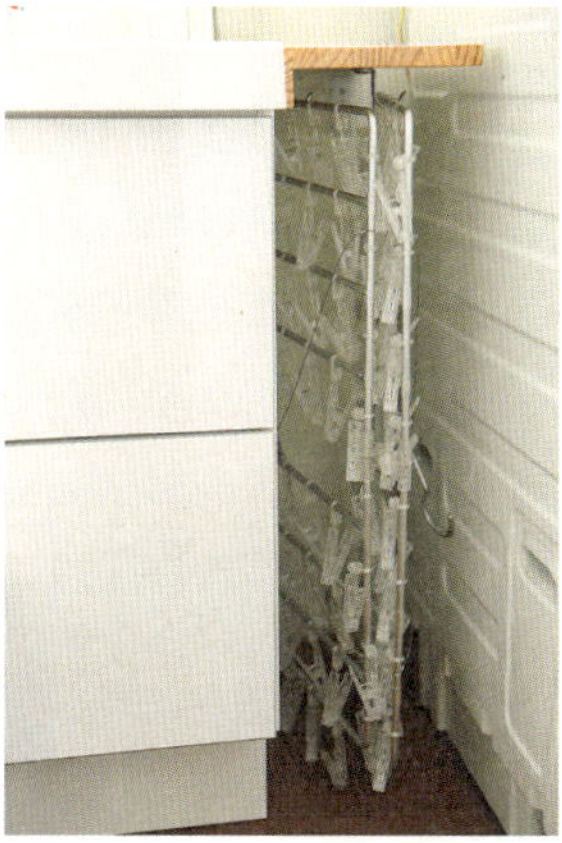

ピンチは洗濯機の近くに

ピンチは洗濯機周りに収納できるとラク。というわけで、洗面台にL字板を付け、フックで吊るしました。

洋服掛けは可動式が◎

洋服掛けは、子どもの成長に合わせて位置を替えられるよう可動式に。つねにベストな使い方ができます。

ものがベストな場所にある、不便のないキッチン

a

b

a 何かと病院にかかる機会の多い古橋家の子どもたちは、薬の服用もしょっちゅう。そこで、引き出し1段分は薬の定位置にし、イケアのケースで名前別、ジャンル別に分類。薬を飲むとき、水道が近いので動線的にも◎。b 冬になると出番が多いのが卓上電気鍋。椅子に座ったままコードの抜き差しがラクにできるよう、コンセントはテーブルより上の位置に付けました。

作業しやすい工夫いろいろ

a お米のケースは引き出しの高い位置に収納すれば、かがまずに計量ができてストレス軽減。炊飯器の近くにケースを置く、というのもラクするポイント。b 建築時はゴミ箱スペースをオープンにしておき、暮らしてみてから生活に合った可動式ゴミ箱を購入。奥にはゴミ袋を吊るし、さらにゴミ箱が後退しすぎないよう、突っ張り棒をストッパーに。c 鍋とフライパンはケースに立てて収納し、ワンアクションで出し入れが可能。

a

b

c

料理から掃除まで、家では全部共同
で家事をするという古橋夫妻。「料
理が苦手な私にとって美味しいカレ
ーをつくってくれる夫は神（笑）」。
そんな彼女もいい義姉です。

「細かいところまで、すごく考えてくれたよね。本当に感謝してます」「ふふふ」

a 古橋家の2階で、唯一扉を取り付けた収納が冷蔵庫脇の掃除用具入れ。手前にマキタの掃除機や柄の長い道具などを入れることを想定し、棚板は奥半分までに。棚は可動式にして、入れるものの高さに合わせて棚板を調節できるように。扉裏にはゴミ袋を吊るして。**b** 収納棚の中で掃除機の充電ができるように、コンセントも棚内に設置。

つくり込みすぎない収納が◎

「ここにコンセントがあればよかった」「引き出しにゴミ箱を収納できるようにしたのは失敗だった」……。片付けの仕事をしていると、お客さまから、こうすればよかった、意外とこれは必要なかった、という声を多く聞きます。そして、そんな声を集めていくと、収納はあまりつくり込みすぎないほうがよいのかもしれないと思いました。今回、古橋家の収納を考えるにあたっては、みなさんからの助言を参考に、少ないアクションで動作がすむ「適材適所」「暮らしは変わっていくものだから、できるだけ変えられる仕組み＝棚や洋服掛けは可動式にする」という点に気を配って、設計を進めていきました。

　とはいえ、収納は自分の暮らしに合わせ、自分で考えてつくりあげていくもの。時間の経過とともに古橋家らしいスタイルが確立していくのをみると、ああ、家って素敵だなぁと思います。

私が関わった家づくりの流れ

(LDKと洗面スペース)

義姉に日々の行動パターンを聞き取り、
必要な収納をリストアップ

↓

設計図が上がってくる

↓

キッチンの造作収納をすべて引き出しにすることを提案→P.114

↓

引き出しに収納するものをリストアップ

↓

食器や保存容器、ストック食材などのサイズを測り、引き出しの深さを決定

↓

ダイニングテーブル付近に、使用頻度の高い日用品の収納場所として小さな造作収納を提案(手持ちの収納用品のサイズを計測して、奥行や高さを決定)→P.117

↓

洗面スペースの収納は、風呂場の入口付近に設計することを提案→P.113

↓

手持ちの収納用品に合わせサイズを決定

↓

すべての造作収納のサイズを決定後、最終的な設計図を確認し微調整

↓

完成

【私にとっての家事】

「頑張ったら頑張った分だけの達成感が得られる。でも、やらなくていいならやりたくないなあ(笑)」

a リビングのコーナーに設けたオープン棚。子どもでも絵本が取り出しやすく、しまいやすい。ごちゃつきがちな子どものおもちゃは、*無印良品の「パルプボード・引出」に収納すればノイズ感なし。b ダイニングの友紀江さんの椅子のななめうしろに棚を取り付け、文房具、耳かき、爪切り、塗り薬など、「テーブル回りにあると便利なもの」を収納するスペースを確保。この場所はことのほか好評。

対談

家事動線のよい家とは？

建築家・伊藤裕子さん

女性は基本、面倒くさがり

伊藤さん（以下「伊」） 前ページの本多さんが「設計に関わった家」の収納を拝見して感心しました。細かい部分にまで、よく気付かれましたね。

本多（以下「本」） ありがとうございます。今回、伊藤さんに対談をお願いしたのは、私が整理収納サービスに伺ったお客さまの家で、「家事のしやすそうな家だな」と思う家が、伊藤さんの設計だったからです。家事動線に着目した、女性目線の伊藤さんの家づくりに注目しています。

伊 こちらこそ、うれしい言葉をありがとうございます。家事動線といえば、女性はやることが多くていつも忙しいし、基本、面倒くさがりでしょう？ だからまず、どんな行動でも**なるべく少ないアクションでできること**を考えて設計しています。

本 私も面倒くさがりなので、〝少ないアクション〟に同感。「扉を開けて、引き出しを引いて、必要なものを探す」みたいな手順が多い動作は、その場所を使わなくなる元だから、なるべく一目瞭然のオープン収納にしたいです。

伊 それと、効率のよい家事のためにもうひとつ大事なのが、**家の中をぐるぐるとひと筆書きのように回れる「回遊動線」**。とくに洗濯、洗濯もの干し、炊事など、やることが多い朝は、**全部の家事が最短距離ですませられるように、行ったり来たりを最小限にする回遊可能な間取りがいい**と思います。

本 そうですね。掃除機がけも、「ぐるっと一周で完了」がラクですもんね。

収納にも設計にも理由が大切

伊 **キッチンに関しては、収納量より作業スペースが重要。**キッチンカウンターはなるべく長く、ということです。カウンターが長ければ家電もいろいろ置けますし、何人かで立って作業することもできるでしょ。それに、つくった料理やお皿を並べる場所があると、作業中のストレスがないですから。

本 キッチン＝とにかく収納収納、ではないですよね。

伊 そうですね。食品庫と食器や調理道具の収納スペースが確保できれば、あとは必要なものを過不足なく収められればよいのでは？ 吊り戸棚収納は背の低いひとには使いづらいし、最上段がデッドスペースになるので、なくてもよい場合があると思います。

本　私も古橋家の設計のとき、「むやみやたらに収納はいらない。収納をつくるなら『なぜその収納が必要なのか』という理由が大切」と伝えました。

伊　逆に**必ず確保したいのが、ゴミ箱を置くスペース。**これは必須です。

本　私もそう思います。ゴミ箱置き場がなくて困っている方の話、本当にたくさん聞きますから。ほかに、こだわらなくてもいい収納ってありますか？

伊　**ウォークインクローゼットは何でも放り込めて便利ですが、通路面積を必要とします。部屋に扉をいっぱい付けたほうが、収納量が増える場合もありますね。**

本　たしかに。ものはウォークしないでさっと取りたいのに、なぜわざわざウォークイン？　と思うことがあります。**奥が見えにくくて、収納が把握しづらいというデメリット**もありますね。ほかに、設計で配慮されている点は？

伊　そうですね。「手すり」は玄関にも廊下にも付けましょう」と最初に提案します。お若い方だと、まだ必要ないと思われるかもしれませんが、手すりを付けると壁が汚れにくいメリットもあるんですよ。長く暮らすことを考えると、手すりを付け、段差はなくし、扉も引き戸にして、バリアフリーにしたほうが30年、40年後も安心。それにじつはバリアフリーの家って、とても家事がしやすいんです。

本　なるほど。そうですね。

伊　あとは「家事動線」といっても、効率だけ優先するのではなく、見て気持ちよいキッチン回りになるように、リビングからキッチンのシンクはさりげなく見えないようにするとか、好きなものを見せる棚をつくるなどのアイデアも盛り込むようにしていますね。

本　「収納には理由が大切」と思っていますが、伊藤さんの家にも、「設計の理由」があるんですね。今日はとても勉強になりました。

伊　私も、お会いできて光栄でした。

profile

伊藤裕子（いとうゆうこ）

一級建築士。福祉住環境コーディネーター二級。「ひととと自然、ひととひとをつなぐ空間であること」を基本コンセプトに住宅や店舗の設計を行なう。バリアフリー、OMソーラー等、暮らしやすく、自然と共生する家づくりにも定評がある。埼玉県熊谷市を拠点に、全国で活動。

裸足で走りたくなる おおらかな間取り

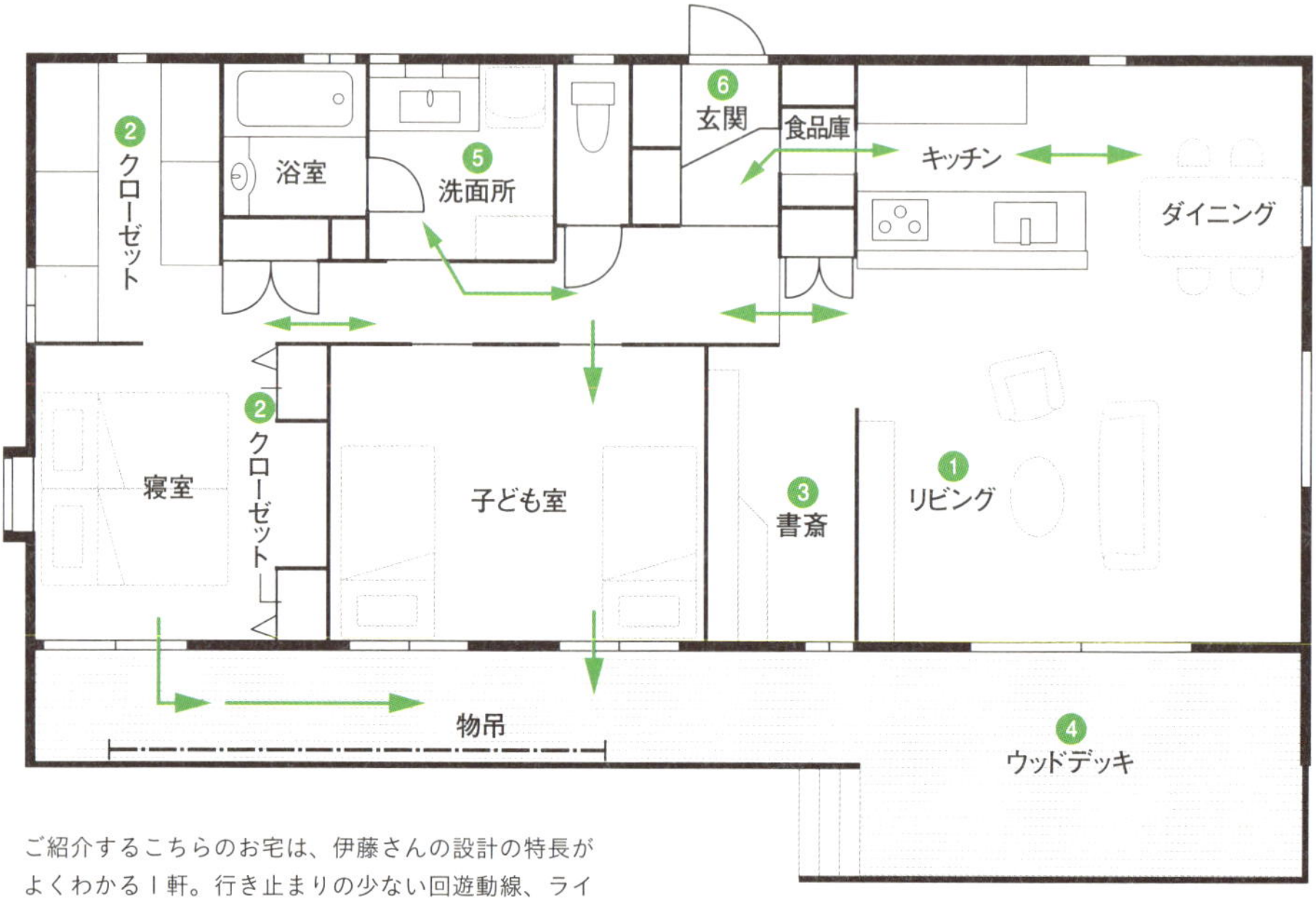

ご紹介するこちらのお宅は、伊藤さんの設計の特長がよくわかる1軒。行き止まりの少ない回遊動線、ライフステージによって変更可能なつくり込みすぎない間取り、自然の力を借りて空間を快適に保つOMソーラーなど、家族が気持ちよく暮らせる工夫満載の家です。お住まいのご家族は20代のご夫婦と1歳のお子さん。延床面積105.58㎡

KUMAGAYA SUMMER HOUSE

埼玉県・熊谷の田園風景の中に建つ平屋一戸建て。猛暑で知られる熊谷の夏を、できるだけ涼しく、快適に過ごせるように、外側には深い庇《ひさし》、袖壁、光を反射する白い壁をつくり、周囲には、夏に茂り、冬は葉を落とす落葉樹を植えて。道路からの外観は閉じぎみ、それ以外の周囲からは隣地の緑が借景となるようにデザインされた、自然と共生する風通しのよい住宅です。

① リビング

光を効果的にとり入れた、居心地のよいリビング。ウッドデッキにつながる窓を開け放つと、リビングとひと続きになり、いっそう開放的に。キッチンのシンク下はオープンにして掃除しやすく。

② クローゼット

既製品を使って変更・工夫ができるシンプルな寝室。収納内の棚板はすべて可動式に。

③ 書斎

ルーバーで仕切ったセミオープンの書斎は、家族共用。壁はグレーに塗ってシックに。

④ ウッドデッキ

⑤ 洗面所

⑥ 玄関

④強い夏の日差しをさえぎる、せり出した庇。⑤シンプルでゆったりした洗面所。洗面所のシンク下は掃除しやすいようオープンに。腰壁にはアクセントになるモザイクタイルを貼って。⑥玄関から食品庫を通してキッチン・ダイニングを見た風景。食品庫を通り抜けにしたことで、家事動線の大幅な短縮に。

巻末おまけ

本多家の愛用家事アイテム

日々の家事で使っている掃除道具から、お気に入りのインテリア、家事や整理収納サービスのときに活躍する定番服まで、“本多家の愛用家事アイテム”をカテゴリー別に一挙公開します。

掃除道具・洗剤

ミニほうき

*卓上ほうき〈ちりとり付き〉(無印良品)

玄関ドアに吊るし、たたきの掃除をするときに使用。コンパクトな働きもの。

ミニモップ

*マイクロファイバーミニハンディモップ(無印良品)

「このモップを左手に、マキタの掃除機を右手に」が私の定番スタイルです。

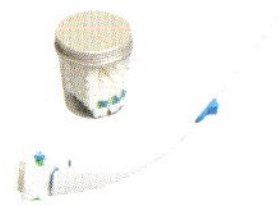

トイレブラシ

スクラビングバブル シャット 流せるトイレブラシ(ジョンソン)

ワンタッチでブラシを付け、掃除後はトイレに流せる。替えブラシも販売。

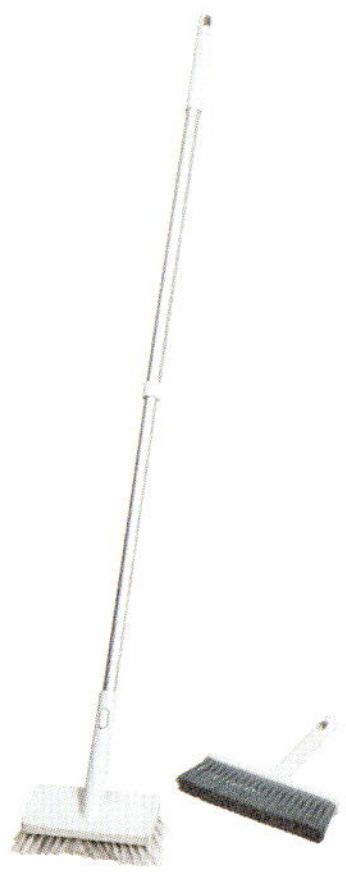

デッキブラシ・ほうき

*掃除用品システム ブラシ(※現在仕様変更)、アルミ伸縮式ポール、ほうき(ともに無印良品)

デッキブラシとほうきはベランダ掃除用。ベランダの物置に吊り下げて収納。

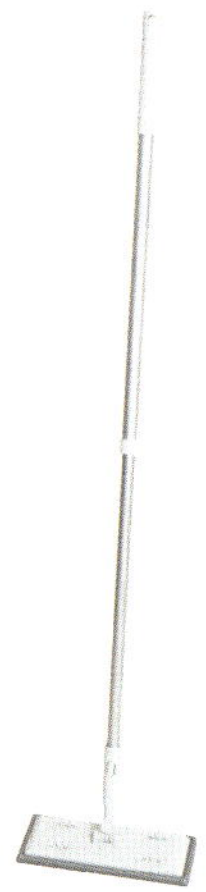

フローリングモップ

*掃除用品システム フローリング用モップ、*アルミ伸縮式ポール(ともに無印良品)

使い捨てシートを付け、キッチンと洗面所の床を往復して拭き掃除。

掃除機

*充電式クリーナ CL070DS(マキタ)

ほうき感覚のコードレス掃除機。自由自在で一度使ったら手放せない手軽さ。

メラミンスポンジ･金たわし･フローリングモップシート

100円ショップ各社

パック買いしたものをバラし、少量をまとめてキッチンラックの引き出しに。

バススポンジ

*スコッチ・ブライト™ バスシャイン™ 抗菌スポンジ(3M)

浴室のタオルバーやラックに吊るせて、水切れよく衛生的。使いやすい形状。

スクイジー

バスボンくんスクイジー(山崎産業)

浴室から出る前に、これで水気をしっかりオフ。吊るせる穴付きなのが◎。

キッチン用洗剤①

マジックリン ハンディスプレー(花王)

これは特別な掃除用。五徳やコンロ下、レンジフードなどキッチンの油汚れに。

キッチン用洗剤②

キッチン泡ハイター(花王)

週2回、生ゴミの日にこれで排水口掃除を。泡に〝完全おまかせ〟で流すだけ。

アルコールスプレー

カビキラー アルコール除菌 キッチン用(ジョンソン)

キッチンや洗面台回りを中心とした家全体の拭き掃除に使うのはこれ！

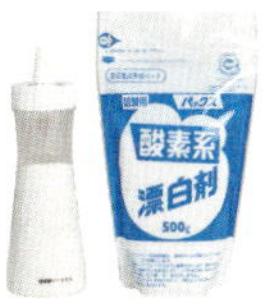

酸素系漂白剤

*パックス 酸素系漂白剤(太陽油脂)

年1回の洗濯槽掃除と、たまにするタオルの煮洗いは酸素系漂白剤がベスト。

お風呂用洗剤

バスマジックリン 泡立ちスプレー 壁の防カビプラス(花王)

浴室内や洗面器などにシュッとしてこすり洗い。液が無色透明なのもいい。

トイレ用洗剤

ルックまめピカ 抗菌プラス(ライオン)

トイレットペーパーにスプレーして、床や便器を拭くだけ。掃除がラク！

道具

調理道具

*陶珍(長谷園)

残りご飯は、これに入れて冷蔵庫へ。レンジで美味しく温め直せます。

シリコーン製キッチンツール

*シリコーン調理スプーン(無印良品)

汁もの、ご飯、おかず、鍋のへりをぬぐい取るときにも……、とにかく万能！

計量スプーン

計量スプーン 大・小(工房アイザワ)

柄が長いので、そのままかきまぜることも。すぐ使えるように吊るして収納。

ステンレスのポット

ポット(工房アイザワ)

見た目にひと目惚れ。コンパクトながら、意外にたっぷり入るところもいい。

米とぎ時の流れ防止クリップ

米ピタクリップ(曙産業)

ザルを使わなくてもお米がこぼれず、うれしいアイテム。とぎ時間の時短にも。

木のトレー

「d47食堂」で使われているトレー(D&DEPARTMENT)

キッチンとテーブルの往復用。ひとりご飯のときは食器をのせて定食風に。

竹のお玉

(下本一歩・作)

よく生活用品を贈り合う友人からの誕生日プレゼント。鍋の時季に大活躍。

キッチン収納道具

スマートハングシリーズ
フリーバスケット1段(シミズ)

キッチンのシンク下の扉裏で使用。ジップ袋など、袋ものを入れています。

ブリキのミニバケツ

*木手トタンバケツ(松野屋)

床の拭き掃除をするときは、これに水をためて、雑巾とセットで移動します。

洗濯用ブラシ

*ワンプッシュ パームブラシ(OXO)

これで夫のYシャツの襟を下洗い。ひと押しで洗剤が出るので便利です。

布団ばさみ、ピンチ

ステンレス布団ばさみ、竿ピンチ(大木製作所)

使いやすくて機能的。ムダのない形が日々の洗濯と布団干しをラクにします。

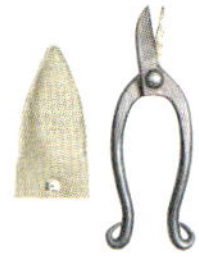

花切りばさみ

*花鋏(F/style)

理想の花切りばさみに出合えた！　という一品。見た目、切れ味、文句なし。

容器

キャニスター・ガラスジャー

サイノシュアジャーグラス(ChaBatree)

グラノーラやお茶パックは保存ビンに詰め替えて、キッチンのシェルフ内に。

業務用ボトル(乾物入れ)

ドレッシングボトル(テンポス)

右からきな粉、ほんだし、白ごま入り。使いたい分だけ出せて、ノーストレス。

米びつ

*ポップコンテナ
ビッグスクエア〈トール〉(OXO)

開閉がスムーズなコンテナは米びつに。密閉性が高く、虫混入の心配無用です。

ティーバック容器

木のフタ(WECK)

WECKのビンは別売りの木のフタが可愛い。紅茶のティーバック用に。

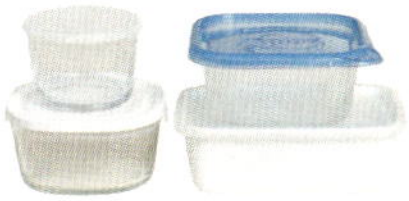

保存容器各種

(iwaki、野田琺瑯、ジップロック®)

下ごしらえ食材用、つくり置きおかず用に数種類用意。増えすぎないように。

調味料ビン

*これは便利調味料びん500
(セラーメイト)

しょうゆ、酒、みりんはビンに詰め替え冷蔵庫へ。詰め替え日もラベリング。

文具

ふせん

*ポスト・イット®ノート(3M)

ふせんメモ=私の頭の中、といっても過言ではない！ 書き出すのを習慣に。

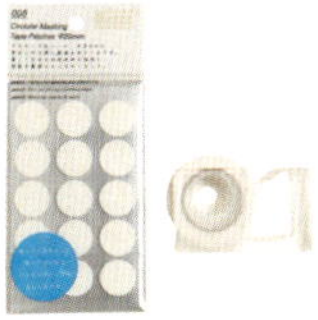

マスキングテープ

STALOGY マスキング丸シール
(ニトムズ)

日付ラベル用、ファイリング用……白いマスキングテープが使いやすいです。

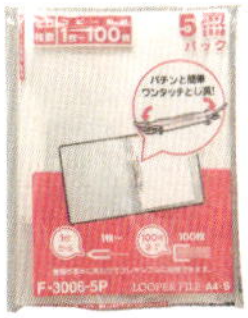

2穴クリアファイル

ルーパークリアファイル(リヒトラブ)

手軽にまとめられてすごく便利。お客さま用資料の管理もこれを使用。

テープのり

貼ってはがせるテープのり(コクヨ)

保存資料を手帳に貼るときに利用。新しい手帳にもスムーズに移行できます。

万年筆

ラミーサファリ ホワイト万年筆(LAMY)

30歳の記念に、初めて買った万年筆。字をきれいに書きたくなります。

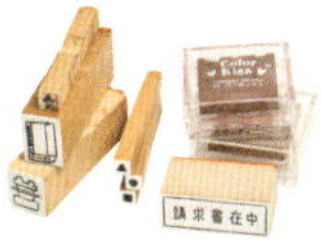

各種ハンコ

(noritakeなど)

「ある」と「ない」ではちょっとの手間が大違い。ひとつあるとずっと便利。

布

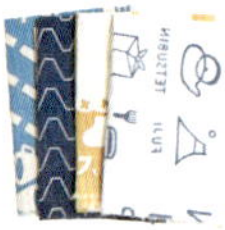

てぬぐい
(かまわぬなど)

旅行中のタオル代わりに、暑いときに首に巻いてと、何役もこなす働きもの。

キッチンクロス
(ALDIN)

拭き心地、乾きやすさ、サイズ感、吊るせるところ。全部に惚れ込みました。

オーダーカーテン
綿平織プリーツカーテン/生成
(無印良品)

押し入れのふすまを外して、カーテンに。オーダーメイドだからぴったり。

麻の布
*麻平織自由に使える布(無印良品)

長方形はランチョンマット、正方形はトイレの手拭きに。吊るせる穴付き。

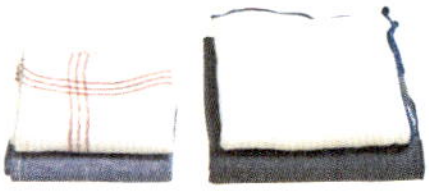

ハンカチ
(オールドマンズテーラー、MARKS&WEBなど)

私はリネン、夫はガーゼを愛用。リネンはとにかく乾きやすくやみつきに。

タオル各種
*インドオーガニックコットン蜂巣織バスタオル、フェイスタオル
(ともに無印良品)

わが家のタオルは、肌触りがよく乾きやすい、このオフ白シリーズで統一。

インテリア

古い木の雑貨
(仁平古家具店など)

時を経て味わい深くなった木の雑貨は、本棚、飾り棚として随所で活躍中。

花器①
(和田麻美子・作)

直感で選んだ一品で、どこに置いてもすっと馴染む。華奢な花を1本活けて。

花器②
アンティーク小ビン「ゆらゆら花器」
(増田由希子・作)

小花を小さく切って活けるだけで素敵なオブジェに。トイレに飾っています。

家のオブジェ
陶器のオブジェが好き。旅先で出合ったものが多いです。これは松本にて。

アルミの時計
chikuni (sahanにて購入)

必要ではなかったけれど、オブジェとしてひと目惚れ。旅先の名古屋で購入。

アンティークプレート
(吉田商店)

実際に24cmのプレート。キッチンのカーテンレールの上に飾っています。

リラックス

エッセンシャルオイル各種

*エッセンシャルオイル(無印良品)

そのときの気分で選べるように数種類を用意。自然な香りに癒されます。

ボディーオイル

*エナジーオブアユーラ アロマボディーオイル(AYURA)

ふわっと広がるこの香りは、まさに"ツボ"。リピート買いしています。

ハーブティー

モロッカンミント、レストウェル(Far Leaves Tea)

試飲したときに、夫婦でハマった味。よくギフトで差し上げます。

リラックスシート

蒸気でホットアイマスク、蒸気でGood-Night(花王)

疲れた体を癒したいとき、就寝前に使います。旅先にも持参してリラックス。

アロマランプ

*アロマランプS(MARKS&WEB)

足元を照らす温かい灯りと芳香、その2つを両立させてくれるスグレもの。

フレグランスキャンドルとマッチ

(diptyque、アーツ＆サイエンス)

好きな香りは気軽な癒し。キャンドルが残り少しのときロングマッチが重宝。

ワードローブ

サボ

*ダンスコ イングリッド(ダンスコ)

私の定番。週の大半はこれを履いています。歩きやすく、服に合わせやすい。

インナー

*カップ付きテレコキャミソール(PRISTINE)

オーガニック好きの知人から頂いたもの。着心地がよく、週3ペースで着用。

ローブ

(evam eva、Art de V.)

シンプルコーデにさっと羽織るだけで、サマになるアイテム。体型カバーにも。

ワイドパンツ

*チクチクパンツ(CHICU+CHICU5/31)

仕事柄、立ったり座ったりの動作が多いので、ワイドパンツは強い味方。

ジョッパーズパンツ

(Bshop、アーツ＆サイエンス)

ストレートよりきちんと感が出るので仕事で活躍。下半身をすっきり見せる。

七分袖カットソー

(パーマネントエイジ)

肌触りのいいインナーは、ついそればかり着てしまう。女性らしい形もいい。

■PRISTINE　☎03-3226-7110（プリスティン本店）
カップ付きテレコキャミソール／¥6,804／P.127

■MARKS&WEB　www.marksandweb.com
アロマランプS／¥2,052／P.127
ハーバルバスソルト 40g／¥216～／P.75
ハンドメイドボタニカルソープ／40g／¥216／P.75
モイスチャーハーバルマスク ラベンダー・カモミール4包セット／¥1,188／P.75

■株式会社マキタ　☎0566-98-1711（代表）
7.2V充電式クリーナ CL070DS（バッテリ・充電器付）／¥15,012／P.24、30、122

■無印良品 池袋西武　☎03-3989-1171
麻ひも（約100m）／¥250／P.58
麻平織自由に使える布／幅50×奥行50cm／¥750／P.126
麻平織自由に使える布／幅34×奥行90cm／¥1,000／P.126
アルミ フック マグネットタイプ 小・3個（※現在仕様変更）／¥400／P.23、111
アルミ角型ハンガー 大・ポリカーボネートピンチ仕様（ピンチ40個）／約幅51.5×奥行37cm／¥2,800／P.36
アルミ洗濯用ハンガー・3本組／約幅41cm／¥320／P.36、106
アルミ洗濯用ハンガー・肩ひもタイプ・3本組／約幅41cm／¥350／P.36、106
インドオーガニックコットン蜂巣織 フェイスタオル・オフ白／34×85cm／¥650／P.126
インドオーガニックコットン蜂巣織 バスタオル・オフ白／70×140cm／¥2,000／P.126
ブレンドエッセンシャルオイル・スリーピング／10ml／¥1,470／P.127
エッセンシャルオイル・ローズマリー／10ml／¥1,050／P.127
エッセンシャルオイル・ペパーミント／10ml／¥1,470／P.127
落ちワタふきん・12枚組／約40×40cm／¥500／P.43
重なるアクリルケース2段引出・大／約幅25.5×奥行17×高さ9.5cm／¥2,000／P.93
重なるアクリルケース用 ベロア内箱仕切・格子・グレー／約幅16×奥行12×高さ2.5cm／¥1,000／P.93
重なるアクリルケース用 ベロア内箱仕切・縦・グレー／約幅16×奥行12×高さ2.5cm／¥400／P.93
重なるアクリルケース用 ベロア内箱仕切・大 ネックレス用・グレー／約幅24×奥行16×高さ2.5cm／¥840／P.93
重なるラタン長方形バスケット・大／約幅36×奥行26×高さ24cm／¥3,300／P.81
重なるラタン長方形バスケット・小／約幅36×奥行26×高さ12cm／¥2,300／P.81
壁に付けられる家具・棚・幅44cm タモ材 ナチュラル／幅44×奥行12×高さ10cm／¥1,900／P.105
壁に付けられる家具・棚・幅88cm タモ材 ナチュラル／幅88×奥行12×高さ10cm／¥3,500／P.87
壁に付けられる家具・長押・幅88cm タモ材 ナチュラル／幅88×奥行4×高さ9cm／¥2,800／P.105
組み合わせが選べる3色ボールペン・リフィル・0.3mm・ニードルタイプ（オレンジ、水色）／各¥80／P.64
組み合わせが選べる2色ボールペン・軸（シャープペン付）0.5mmシャープペン／¥280／P.64
硬質パルプ・ファイルボックス／約幅13.5×奥行32×高さ24cm／¥1,500／P.53
硬質パルプボックス・フタ式／約幅25.5×奥行36×高さ32cm／¥2,170／P.60
硬質パルプボックス・フタ式・浅型／約幅25.5×奥行36×高さ8cm／¥1,200／P.66
こすって消せるニードルボールペン・0.4mm／¥180／P.64
掃除用品システム・アルミ伸縮式ポール／約直径2.5×長さ68～116cm／¥390／P.122
掃除用品システム・ブラシ（※現在仕様変更）／約幅15×奥行7×高さ20cm／¥390／P.122
掃除用品システム・フローリング用モップ ドライ／¥490／P.122
掃除用品システム・ほうき（※現在仕様変更）／約幅22×奥行3×高さ23cm／¥490／P.122
シリコーン調理スプーン／長さ約26cm／¥850／P.124
ステンレスひっかけるワイヤークリップ 4個入／約幅2×奥行5.5×高さ9.5cm／¥400／P.35
ステンレスペンホルダー 2本用／¥525／P.64
卓上ほうき（ちりとり付き）／約幅16×奥行4×高さ17cm／¥390／P.33、122
電気冷蔵庫・270L MJ-R27A／幅60×奥行65.7×高さ141.9cm 重さ64kg／¥90,000／P.46
ナイロンたためる仕分けケース・中／約26×40×10cm／¥600／P.61
パルプボード・引出／約幅37×奥行27.5×高さ37cm／¥1,500／P.117
PPダストボックス・フタ付・小（分別タイプ）／約幅21×奥行42×高さ38cm・約20L／¥1,500／P.49
ポリプロピレン収納ケース引出式・深／約幅34×奥44.5×高さ30cm／¥1,500／P.53
ポリプロピレンカバーダブルリングノート・ポケット付・A5サイズ・白90枚・ドット方眼／¥550／P.68
ポリプロピレンケース用・不織布仕切ケース・小・2枚入／約幅12×奥行38×高さ12cm／¥400／P.19
マイクロファイバーミニハンディモップ／約長さ33cm／約幅6×奥行7×高さ30.5cm／¥490／P.24、122

■LOHACO　http://lohaco.jp/support/（アスクル株式会社LOHACOお客様サービスデスク）
アスクル ダンボール収納ボックス（組立式）L ホワイト／幅29×奥行36.3×高さ31cm／¥626／P.61

■CHICU＋CHICU5/31（ちくちくさんじゅういちぶんのご）
http://chicuchicu.com/
チクチクパンツ（白ワイドパンツ）／¥15,000／P.54、127

本誌に登場する商品クレジットと問い合わせ先

本文で「*」マークのある商品の問い合わせ先とクレジットご紹介ページです。

品名/サイズ・容量など/価格(税込)/紹介ページ

■アイリスオーヤマ株式会社　0120-211-299
押入れクローゼットハンガー OSH-Y17/幅75～130×奥行40×高さ82～100cm/オープン価格/P.19
細密シュレッダー PS5HMSD ブラウン/約幅18×奥行38×高さ40.8cm/オープン価格/P.49、59

■アトリエペネロープ　☎03-5724-3815
スクエアトリプル COLOR：スモーク/高さ16×幅42×奥行14cm/¥7,560/P.106

■アユーラ コミュニケーションスタジオ(AYURA)
0120-090-030
エナジーオブアユーラ アロマボディーオイル/100ml/¥3,780/P.127
アロマティックウォッシュ・ボディー洗浄料/300ml/¥1,728/P.75

■株式会社ウエルスジャパン　☎089-924-3671
髪の毛くるくるポイ/¥980/P.30

■Eco-Branch(エコ・ブランチ)　☎052-503-1002(株式会社鶴田商会)
松の力/2L/¥3,218/P.107

■F/style(エフスタイル)　☎025-288-6778
花鋏　池の坊/炭素鋼 黒染仕上げ/5寸(150mm)/¥3,780/P.124

■OXO(オクソー)　0570-03-1212
ポップコンテナ ビッグスクエア(トール)/幅16cm×奥行16×高さ32cm/¥3,024/P.125
ワンプッシュ パームブラシ/¥1,080/P.124

■GANORI　☎03-6434-1909(GANORI渋谷ヒカリエShinQ店)
グラノーラ・オリジナル和風ごぼうミックス/190g/¥1,050/P.75

■暮らしの道具 松野屋　☎03-3823-7441(谷中 松野屋)
木手トタンバケツ/約2.5L/¥1,296/P.124

■株式会社信州里の菓工房　☎0265-86-8730
山のつと 栗つづら/¥864/P.75

■シンプルヒューマン　☎042-769-2802(株式会社マキノトレーディング)
シンプルヒューマン レクタンギュラーステップカン リサイクラー 46L/幅50.3×奥行34.9×高さ65cm/¥25,920/P.48、49　※全体的に仕様変更のためご注意ください。

■ストウブ　0120-75-7155(ツヴィリング J.A. ヘンケルスジャパン株式会社)
ピコ・ココット ラウンド/22cm/¥29,160/P.40

■3M(スリーエムジャパン株式会社)※各商品ごとにお問い合わせ先が異なりますのでご注意ください。
コマンド™タブ、コマンド™フック、コマンド™ファスナー(0120-510-186)/¥345～/P.27、29、49、81
3M スコッチ・ブライト™ バスシャイン™ 抗菌スポンジ特殊研磨粒子付き(0120-510-733)/¥442/P.123
3M ポスト・イット® ノート(0120-510-333)/¥194～/P.125

■セラーメイト　☎03-5401-1746(星硝株式会社・セラーメイト営業グループ)
これは便利調味料びん500/500ml/¥1,080(※2015年3月より¥1,188に変更)/P.125

■太陽油脂　0120-894-776
パックスナチュロンキッチンスポンジ/¥162/P.107
詰替用酸素系漂白剤/500g/¥464/P.32、37、123

■田ノ歩　0120-370-293(株式会社中村屋 お客様サービスセンター)
田ノ歩・田ノ蓑 ビターチョコ・抹茶チョコ/各¥432/P.75

■ダンスコ　☎03-6427-9440(シースター株式会社)
ダンスコ イングリッド/¥21,600/P.127

■辻和金網　☎075-231-7368
丸形水切りかご/直径23×高さ10.5cm/¥5,400/P.42

■ティファール　0570-077772(お客様相談センター)
IH モカ フライパン/28cm/¥7,128/P.40
フリームーブ9940/¥27,216/P.107

■株式会社ニトリ　0120-014-210(お客様相談室)
オリタタミダストBOX レジブクロホルダー/幅38×奥行32×高さ45cm/¥1,018/P.49

■ハイタイド　☎050-3368-1722
手帳 2015 10月始まり A5 月間ブロック マンスリー フューゲン/幅15.2×奥行21.7cm/¥1,836/P.64

■長谷園　☎03-3440-7071(長谷園イガモノ東京店)
陶珍　粉引(大) 陶製すのこ・敷板付 CT-73/直径16×高さ11cm 2合分/¥5,508/P.124

あとがき

洗濯ものを干し終え、空になった洗濯機を見ると清々しい心地がします。けれどそんな状態は束の間のこと。洗わねばならない下着やタオルはまたすぐにやってきて、明日も洗濯機を回すのです。家事は繰り返しの作業だから、積み重ねる時間と労力は、人生のうちでかなりのボリュームになるもの。だからこそ家は、効率的に家事をこなせるよき「仕事場」であるべきだと思っています。ひとつの動作をもっとラクにしたり、歩く歩数を減らしたりすることはできないか？ ちょっとした改善の積み重ねで、あなたの仕事場がもっと楽しくなりますように。

本多さおり

「『やらねばならないこと』は短時間でサクッとすませ、浮いた時間で『やりたいこと』をしよう」。暮らしを楽しむための整理収納術の切り口が共感を呼んでいる、新時代の整理収納コンサルタント。ラクで長続きする収納システムの構築が得意で、顧客からは「ものを自然と元の場所に戻せるようになった」、「お金と時間とスペースのムダがなくなった」、「ものを簡単に買わなくなった」などの声が数多く届く。2010年に始めたブログ「片付けたくなる部屋づくり」が大人気で、同タイトルの著書（ワニブックス）は13万部を超えるロングセラーに。収納とは、家事をラクにするための手段であることを実感し、本書で初の「家事本」に着手。ちなみに小学校時代から掃除の時間が好きで、先生から、「さおりちゃんはほうきとちりとりさばきが上手ね」とほめられた記憶あり。

「本多さおり official web site」
http://hondasaori.com/
ブログ「片付けたくなる部屋づくり」
http://chipucafe.exblog.jp/

写真／林ひろし（P.119～121は除く）
デザイン／葉田いづみ
文／宇野津暢子
間取り作成／アトリエプラン
校正／西進社

家事がしやすい部屋づくり

2015年1月15日　初版第1刷発行

著　者　本多さおり
発行者　中川信行
発行所　株式会社マイナビ
〒100-0003
東京都千代田区一ツ橋1-1-1パレスサイドビル
TEL 048-485-2383（注文専用ダイヤル）
TEL 03-6267-4477（販売部）
TEL 03-6267-4403（編集部）
URL http://book.mynavi.jp
印刷・製本　図書印刷株式会社

ISBN978-4-8399-5348-5

★この本のご意見・ご感想をお聞かせください

宛先：〒100-0003 東京都千代田区一ツ橋1-1-1 パレスサイドビル6階　出版事業本部・書籍編集課・編集第2部『家事がしやすい部屋づくり』感想係まで
記入事項：お名前／性別／年齢／ご住所／ご職業
※お客様の個人情報は、今後の本作りの参考にさせていただく以外は使用いたしません。

＊本書に掲載されている商品は2015年1月現在のものです。商品の価格や仕様などは、変更になる場合があります。
＊クレジット表記のある商品はすべて税込価格です。
＊価格などが表示されていない私物は、現在入手できないものもあります。あらかじめご了承ください。
＊本書の収納方法や道具の使用方法を実践いただく際は、建物の構造や性質、商品の注意事項をお確かめのうえ、自己責任のもと行なってください。